프로젝트 수업,
사회를 탐하다

프로젝트 수업, 사회를 탐하다

행복한 수업을 만드는 학생주도수업의 모든 것 : 사회과 프로젝트 수업

[행복한 교과서®] 시리즈 No. 63

지은이 I 신지승
발행인 I 홍종남

2024년 4월 12일 1판 1쇄 인쇄
2024년 4월 19일 1판 1쇄 발행

이 책을 만든 사람들
기획 I 홍종남
북 디자인 I 김효정
교정 교열 I 김윤지
출판 마케팅 I 김경아
제목 I 구산책이름연구소

종이 및 인쇄 제작 파트너
JPC 정동수 대표, 천일문화사 유재상 실장, 알래스카인디고 장준우 대표

펴낸곳 I 행복한미래
출판등록 I 2011년 4월 5일. 제 399-2011-000013호
주소 I 경기도 남양주시 도농로 34, 301동 301호(다산동, 플루리움)
전화 I 02-337-8958 팩스 I 031-556-8951
홈페이지 I www.bookeditor.co.kr
도서 문의(출판사 e-mail) I ahasaram@hanmail.net
내용 문의(지은이 e-mail) I suckgatap@daum.net
※ 이 책을 읽다가 궁금한 점이 있을 때는 지은이 e-mail을 이용해 주세요.

ⓒ 신지승, 2024
ISBN 979-11-86463-71-0
〈행복한미래〉 도서 번호 102

프로젝트 수업,
사회를 탐하다

| 신지승 지음 |

행복한미래

수석교사, 사회 프로젝트 수업을 제안하다

　　많은 학교에서 프로젝트 수업을 계획하고 실천하려고 다양한 연수와 컨설팅을 하고 있으며, 공개 수업 역시 프로젝트 수업으로 하는 것이 이제는 낯설지 않은 실정이다. 이미 시중에는 프로젝트 수업 관련 이론서뿐만 아니라 교사들의 프로젝트 수업 실천 사례서가 많이 출간되어 있다. 따라서 외부에서는 학교에서 프로젝트 수업을 일상적으로 하고 있는 것처럼 볼 수도 있을 것이다.

　　그렇다면 "일상 수업에서 프로젝트 수업을 조금이라도 실천하려는 교사는 얼마나 될까?"

　　필자 또한 연수와 컨설팅을 통해 선생님들에게 프로젝트 수업 사례를 소개하고 나름의 프로젝트 계획과 운영 노하우를 공유하고 있다. 필자의 프로젝트 사례에 흥미를 보여 하고 싶다고 한 선생님은 꽤 많았지만, 실천까지 이어지는 경우는 그리 많지 않았다. 어쩌면 필자의 프로젝트 사례는 TV 홈쇼핑에 나오는 여행 상품 같았는지도 모르겠다. 처음에는 꽤 괜찮아 보여 마음이 가지만 여행 일정, 코스, 비용 등을 고려하다 선뜻 선택하지 못한 채 결국 채널을 돌리고 마는 그런 여행 상품 말이다. 프로젝트 수업 또한 홈쇼핑 여행 상품처럼 우리 일상 수업을 고려하다 보면 뭔가가 조금씩 어긋나 결국 선택받지 못하는 것은 아닐까 하는 생각이 들었다.

"왜 선생님들은 프로젝트 수업을 선택하지 않는 것일까?"

혼자서 한 학년 교육과정을 재구성하기 어려움
프로젝트는 운영중이지만 모든차시 재구성의어려움
시간 부족   에너지 부족
미숙
수업자료 마련이 어려워서   예   시간
진도 나가기 바빠서
수업 연구 시간 부족   잊   진도가 바쁨   하고 있음
준비 시간 부족   재구성할 시간이 부족
어려울 것 같아서   준비과정이 많다
갑작스러운 생활지도로 의욕 상실   업무 과다
교육과정에 대한 완벽한 이해가 동반되지 않아서
수업 준비 시간의 부족
학생과 학부모의 인식
학년교육과정에서 자유로울 수 없음
학사 일정 내에 수업 진도를 다 소화하기가

2022 동계 초등학교 정교사(1급) 자격연수(대구) 강의 내용 중

   필자는 2022 동계 초등 1정 연수를 하면서 '교육과정을 재구성한 수업을 안 하고 또는 못하고 있다면 그 이유는?'이라는 설문 조사를 한 적이 있다. 선생님들이 한 대답 중 가장 큰 부분을 차지한 것은 '수업 준비에 너무 많은 시간이 걸린다'였다. 이 대답에서 우리는 다음 두 가지 사실을 알 수 있다.

   첫째, 선생님이 교육과정을 재구성하여 프로젝트 수업을 할 수 있게 수업을 준비할 수 있는 충분한 시간을 확보해 주어야 한다는 것
   둘째, 현재 학교 현실은 과다한 행정 업무 등으로 수업을 준비할 충분한 시간을 확보할 수 없다는 것

   "그렇다면 선생님이 프로젝트 수업을 실천하는 데 어떤 도움을 줄 수 있을까?"

   수업을 준비할 수 있는 충분한 시간 확보는 개인의 힘으로는 어찌할 수 없는 일로, 앞으로 제도를 점진적으로 개선해 나가야 할 것이다. 현재 상황에서 가장 현

실적인 도움은 선생님들이 프로젝트 수업을 준비하는 데 많은 시간을 쓰지 않도록 자료를 공유하는 것이다.

필자는 그동안 연수나 컨설팅을 하면서 주로 '프로젝트 계획서'와 '프로젝트 수업 사례 PPT'를 선생님들과 공유했다. 필자가 공유한 자료를 바탕으로 교육과정 문해력을 발휘하여 선생님만의 수업을 만들어 보는 것이 중요하다고 생각했기 때문이다. 하지만 필자의 이런 자료들은 프로젝트 수업을 준비하는 시간을 단축시켜 주지 못했다. 선생님들에게 실제적인 도움이 되지 않아 결국 홈쇼핑 여행 상품처럼 일상 수업을 해야 하는 마지막 단계에서 선택받을 수 없었던 것이다.

이에 따라 필자는 선생님들이 프로젝트 수업을 실천하는 데 실제적인 도움을 줄 수 있는 자료, 즉 프로젝트 수업을 준비하는 데 걸리는 시간을 줄일 수 있는 자료를 제공하는 것이 필요하다고 생각했다. 그래서 필자가 수석교사가 된 후 2년간 계획하고 실천한 '사회 중심 프로젝트' 수업들을 정리하면서 각 프로젝트의 '차시별 PPT와 학습지'를 함께 공유하려고 한다. 선생님들은 이 자료들을 바탕으로 프로젝트 수업의 각 차시를 어떻게 진행했는지, 실제로 수업을 진행할 때 자료들을 어떻게 활용하고 있는지 구체적으로 알 수 있을 것이다. 필자가 정리한 프로젝트 차시별 자료들이 선생님들의 수업 준비 부담을 줄여 프로젝트 수업을 실천하는 데 실제적인 도움이 되었으면 한다. 또 이런 경험들이 디딤돌이 되어 여러 선생님이 자기만의 프로젝트 수업을 계획하고 실천할 수 있기를 바란다.

자, 그럼 교육과정 문해력과 교사 전문성을 키워 가려고 노력 중인 수석교사의 프로젝트 수업 이야기로 떠나 보자.

차례

|1부|

3학년 사회 프로젝트 수업 이야기

|2부|

4학년 사회 프로젝트 수업 이야기

1부

3학년 사회 프로젝트
수업 이야기

00
'어떻게 3학년 사회 프로젝트 수업을 실천했을까'가 궁금하다면?

1부는 그동안 실천했던 3학년 사회 프로젝트 수업 계획과 실천 결과들을 정리한 것이다. 〈지도로 보는 우리 고장 이야기〉, 〈우리는 달서구 어린이 동네 해설사〉는 2021년, 〈우리는 꼬마 시간 탐험대〉는 2022년에 계획하여 실천한 프로젝트다.

학기	프로젝트	과목	차시	관련 사회 단원
1	지도로 보는 우리 고장 이야기	사회	13	1단원 우리 고장의 모습
	우리는 달서구 어린이 동네 해설사	사회	13	2단원 우리가 알아보는 고장 이야기
2	우리는 꼬마 시간 탐험대	사회, 국어	24	2단원 시대마다 다른 삶의 모습

3학년 사회는 범위가 '고장'이다. 필자가 있는 진천초등학교는 대구광역시 달서구에 위치하고 있기에 자료 대부분이 대구광역시 달서구를 다룬다. 선생님이 수업할 때는 필자의 자료를 아이들이 사는 고장에 맞게 수정해야 할 것이다.

이 책에 담지 못한 3학년 사회 단원, 해당 단원의 수업 아이디어를 정리하면 다음과 같다.

학기	단원	수업 아이디어
1	3단원 교통과 통신 수단의 변화	· 교통 : 지도에 과거, 현재, 미래의 교통수단 비교 · 통신 : 우리가 만드는 통신 연표, 요모조모 통신 이야기
2	1단원 환경에 따라 다른 삶의 모습	· 환경에 따른 의식주(외출복, 밥상, 건축) 디자인하기
	3단원 가족의 형태와 역할 변화	· 가족 프로젝트 : 도덕 3단원과 연계하여 구성

01

지도로 보는 우리 고장 이야기
: 우리 고장의 공간을 이해하다

 STEP1 프로젝트 설계하기

〈지도로 보는 우리 고장 이야기〉 프로젝트는?

　3학년 삶의 공간은 어디까지일까? 우리 고장이라고 하면 (대구광역시) 달서구 전체이지만 2학년 때 '동네 한 바퀴' 단원에서 동네를 탐험하고 동네 모습을 그려 본 경험밖에 없는 3학년은 우리 고장을 어떻게 생각할까? 그리고 이런 아이들에게 우리 고장의 공간적인 측면을 어떻게 가르쳐야 할까?

　먼저 학교를 중심으로 아이들이 생각하는 '동네'를 마음 지도로 나타내어 다양한 장소감을 탐색하게 하고, 우리 고장의 주요 장소를 ON 지도로 살펴보려고 한다. 이후 실제 지도에 주요 장소를 표시하여 우리들의 고장 지도를 만들어 봄으로써 지도의 필요성과 우리 고장의 공간적인 측면을 이해할 수 있도록 지도하고자 한다.

이처럼 〈지도로 보는 우리 고장 이야기〉는 먼저 마음 지도, ON 지도를 이용하여 우리 고장의 모습을 다양하게 살펴본다. 그리고 이를 바탕으로 대형 평면 지도에 고장 지도를 만드는 활동을 함으로써 지도의 필요성을 느끼고 우리 고장의 공간을 이해하는 프로젝트다.

프로젝트 수업 한눈에 보기

활동 주제	탐구 질문	활동 및 내용	교과	시수
프로젝트 열기		○우리 동네 여러 장소 사진 및 허니콤 보드로 동기 유발하기 ○프로젝트 안내하기		1
마음 지도로 보는 우리 고장	마음 지도로 보는 우리 고장은 어떤 모습인가?	○마음 지도로 나타내는 우리 고장 · 우리 고장 장소 카드로 이야기 나누기 · 마음 지도로 우리 고장 나타내기 · 마음 지도에 나타난 우리 고장의 모습 비교하기		3
ON 지도로 보는 우리 고장	ON 지도로 보는 우리 고장은 어떤 모습인가?	○ON 지도로 살펴보는 우리 고장 · ON 지도(디지털 영상 지도) 요모조모 · ON 지도 사용하기(카카오맵, 네이버맵) · ON 지도로 우리 고장 주요 장소 살펴보기	사회	4
제작하라, 우리들의 고장 지도	우리 고장의 주요 장소를 지도에 어떻게 나타낼 것인가?	○제작하라, 우리들의 고장 지도 · 달서구 지도에서 장소 찾아보기 · 우리 고장의 주요 장소 정리하기 · ON 지도로 고장의 주요 장소 찾아보기 · 지도에 우리 고장의 주요 장소 나타내기 · 우리 고장 지도 발표하기		4
프로젝트 닫기		○프로젝트 되돌아보기 ○프로젝트 성찰 일지 쓰기		1

교과서 관련 단원 및 시수

교과	단원	시수
사회	1. 우리 고장의 모습	13
계		13

평가

순	교과	성취 기준	평가 문항	평가 방법
1	사회	[4사01-01] 우리 마을 또는 고장의 모습을 자유롭게 그려 보고, 서로 비교하여 공통점과 차이점을 찾아 고장에 대한 서로 다른 장소감을 탐색한다.	우리 고장의 모습을 마음 지도로 그리고 마음 지도로 보는 우리 고장의 모습을 비교하는가?	마음 지도 결과물, 마음 지도 비교 학습지
2	사회	[4사01-02] 디지털 영상 지도 등을 활용하여 주요 지형지물의 위치를 파악하고, 백지도에 다시 배치하는 활동을 통해 마을 또는 고장의 실제 모습을 익힌다.	ON 지도를 활용하여 고장의 주요 장소를 찾는가?	ON 지도 활용 장면 관찰
3	사회		우리들의 고장 지도에 고장의 주요 장소를 나타내는가?	우리들의 고장 지도 결과물

프로젝트 실천하기

프로젝트 열기(1차시)

차시	활동 및 내용	교과 및 시수
1/13	○우리 동네 여러 장소 사진 및 허니콤 보드로 동기 유발하기 ○프로젝트 안내하기	사회1

우리 동네 제대로 알기

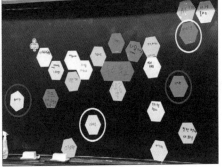

장소 배치하며 지도의 필요성 느끼기

〈지도로 보는 우리 고장 이야기〉 프로젝트는 학교 주변 동네에서 흔히 볼 수 있는 가게 간판이나 장소 표시판을 가린 후 어디인지 알아맞히는 '우리 동네 얼마나 알고 있나요?' 활동으로 시작했다. 이후 자기가 아는 우리 동네의 장소를 허니콤 보드에 써서 '우리 학교'라고 쓴 롱 허니콤 보드를 중심으로 배치하도록 했다.

지도의 방위 개념을 배우지 않은 3학년 아이들은 자기가 쓴 장소를 어디에 놓아야 하는지 몰라서 힘들어 했고, 같은 장소를 다른 위치에 놓기도 했다. 아이들에게 왜 이렇게 다르게 놓았는지 물어보면서 자연스럽게 장소를 나타내는 방법이나 규칙의 필요성을 느끼게 했다. 결국은 지도가 필요하다는 말을 이끌어 낼 수 있었다.

이후 '우리 고장의 장소를 지도에 어떻게 나타낼 수 있을까?'라는 탐구 질문을 던지면서 이 문제를 해결하기 위해 〈지도로 보는 우리 고장 이야기〉 프로젝트를 하자고 했다. 그리고 아이들에게 활동 주제 세 가지를 안내하면서 다음 시간부터 는 '활동 주제 1 – 마음 지도로 보는 우리 고장'을 시작한다고 했다.

마음 지도로 보는 우리 고장(3차시)

탐구 질문	차시	활동 및 내용	교과 및 시수
마음 지도로 보는 우리 고장은 어떤 모습인가?	2–4/13	○마음 지도로 나타내는 우리 고장 ·우리 고장 장소 카드로 이야기 나누기(1) – 우리 고장 장소 카드 만들기 – 우리 고장의 여러 장소에 대한 경험 이야기 나누기 ·마음 지도로 우리 고장 나타내기(1) ·마음 지도에 나타난 우리 고장의 모습 비교하기(1) – 마음 지도의 공통점과 차이점 찾아보기 ★평가1	사회3

필자는 프로젝트 수업을 진행할 때면 매번 수업을 시작할 때마다 아이들과 함께 PPT를 보면서 프로젝트 제목, 활동 주제를 말하게 하거나 필자가 간단히 안내하는 편이다. 긴 호흡의 프로젝트 수업은 프로젝트 제목과 활동 주제 등 수업의 방향성을 아이들이 알고 수업에 참여하는 것이 중요하다고 생각하기 때문이다.

또 본 활동 주제에서 사용한 '마음 지도'는 교육과정에는 '심상 지도', 교과서에는 '머릿속에 떠오르는'이라고 표현한 것을 필자가 본 프로젝트에서 임의로 사용한 용어다. 학문적 용어도, 교과서에서 사용한 용어도 아니니 더 적합한 용어가 있다면 그것을 사용하면 될 것이다.

우리 고장 장소 카드 만들기

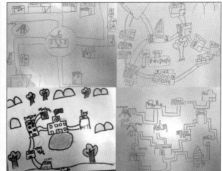

우리 고장 마음 지도 그리기

2~3차시는 먼저 교과서 활동 자료에 있는 '우리 고장 장소 카드'를 활용하여 장소 카드를 만들고 그것을 활용하여 우리 고장의 여러 장소에 대한 서로의 경험, 생각, 느낌을 나누게 했다. 이어 마음 지도로 우리 고장을 나타내는 방법을 PPT로 안내하고, 4학년이 수업 시간에 그렸던 마음 지도를 참고할 수 있도록 교실 칠판에 게시한 후 각자 우리 고장 마음 지도를 그리도록 했다.

4차시는 짝과 함께 마음 지도에 나타난 고장의 모습에서 공통점과 차이점을 찾아보고 학습지에 정리하도록 했다(★평가1). 이후 서로의 마음 지도를 비교하면서 든 생각과 느낌을 적었고, 비교하기 활동을 하면서 무엇이 필요하다는 생각이 들었는지 물어보았다. 반마다 '진짜 지도'가 필요하다는 대답들이 나와서 다음 시간부터는 진짜 지도를 알아보자며 수업을 마무리했다.

❶ 우리 고장 마음 지도를 비교해 봅시다.

구분	내가 그린 마음 지도	친구가 그린 마음 지도
주요 건물	문방구, 강이공원, 선사유적 공원, 학교, 365마트, 진천육아원, 영어학원	학교, 강이공원, 문구점
도로의 모습	직선으로 뻗어져 있다.	학교 옆과 강이공원 앞에인다.
자연 (산, 나무)	없음	일단지 앞에 나무가 있습니다.
공통점	학교와 강이공원, 문방구, 영어학원이 공통점입니다.	
차이점	선사유적 공원, 365 아트, 진천유치원: 성과태권도가 차이점입니다.	

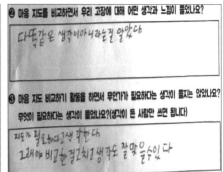

❷ 마음 지도를 비교하면서 우리 고장에 대해 어떤 생각과 느낌이 들었나요?

다 똑같은 생각이 아니라는걸 알았다

❸ 마음 지도 비교하기 활동을 하면서 무언가가 필요하다는 생각이 들지는 않았나요? 무엇이 필요하다는 생각이 들었나요?(생각이 든 사람만 쓰면 됩니다)

지도가 필요하다고 생각한다
그래야 비교한걸 더 잘 맞출 수 있다

마음 지도 비교 학습지

ON 지도로 보는 우리 고장(4차시)

탐구 질문	차시	활동 및 내용	교과 및 시수
ON 지도로 보는 우리 고장은 어떤 모습인가?	5–8/13	○ON 지도로 살펴보는 우리 고장 · ON 지도(디지털 영상 지도) 요모조모(1) 　– 디지털 영상 지도의 뜻, 이용, 종류 등 · ON 지도 사용하기(1+1.5) ★평가2 　– 카카오맵, 네이버맵 사용 방법 익히기 · ON 지도로 우리 고장 주요 장소 살펴보기(0.5)	사회4

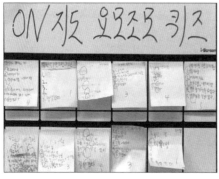

ON 지도의 요모조모 인증시험

길찾기 기능 마스터하기

필자는 본 프로젝트에서 교육과정, 교과서 '디지털 영상 지도'를 'ON 지도'로 표현하여 지도했다. 이는 교사에게도 생소한 교과서 국토정보맵보다는 아이들이 실생활 속에서 쉽게 접하고 사용할 수 있는 카카오맵, 네이버맵, 구글맵 등을 가르치는 것이 더 유용하다고 생각했고, 이들을 포함할 수 있는 용어로 ON 지도가 적당했기 때문이다. '마음 지도'처럼 이 용어 또한 학문적 용어도, 교육과정과 교과서에 사용하는 용어도 아니니 더 적합한 것이 있다면 그것을 사용하면 될 것이다.

5차시 'ON 지도 요모조모'는 ON 지도(디지털 영상 지도)의 뜻, ON 지도의 이용, ON 지도의 종류, ON 지도의 좋은 점을 설명했다. 그리고 곧바로 ON 지도 요모조모 인증시험을 쳤다. 필자는 교사 중심의 지식 전달 수업을 하고 나면 포스트잇 등을 활용하여 아이들이 제대로 알고 있는지 확인하는 과정을 꼭 거치는 편이다.

6차시 'ON 지도 사용하기'는 먼저 카카오맵과 네이버맵 중(우리나라에서는 구글맵의 여러 기능을 제한하기에 사용이 불편하여 선택에서 제외했다) 자기가 원하는 ON 지도를 선택한 후 로드 뷰(거리 뷰), 확대와 축소, 면적 및 거리, 장소 찾기 등 여러 기본 기능을 알려 주면서 선생님 따라 하기를 먼저 했다. 그 후 모둠끼리 모여서 기본 기능을 자유롭게 익힐 수 있는 시간을 주었으며 마무리 활동으로 교사가 제시하는 장소를 찾아보는 활동을 했다.

7~8차시에는 먼저 지난 시간에 익힌 기본 기능을 다시 한 번 연습하여 마스터할 수 있게 했다(★평가2). 이어서 앞으로 아이들이 일상생활에서 가장 많이 사용할 길찾기 기능을 설명한 후 짝과 함께 기능을 익힐 수 있게 충분한 시간을 주었으며, 필자가 몇 가지 문제를 내고 확인하여 길찾기 기능을 마스터할 수 있도록 했다. 마지막 활동으로 우리 고장의 주요 장소를 ON 지도를 사용하여 찾아보고 서로 확인하면서 수업을 마무리했다.

제작하라, 우리들의 고장 지도(4차시)

탐구 질문	차시	활동 및 내용	교과 및 시수
우리 고장의 주요 장소를 지도에 어떻게 나타낼 것인가?	9~12/13	O제작하라, 우리들의 고장 지도 · 달서구 지도에서 장소 찾아보기(0.5) · 우리 고장의 주요 장소 정리하기(0.5) 　– 장소 카드, 마음 지도, ON 지도의 장소 정리하기 · ON 지도로 고장의 주요 장소 찾아보기(1) 　– 정리한 주요 장소 ON 지도로 찾아서 표시하기 · 달서구 지도에 우리 고장의 주요 장소 나타내기(1) 　– 장소 게시판으로 주요 장소 지도에 표시하기 ★평가3 · 우리 고장 지도 발표하기(1) 　– 우리 고장 지도 발표 리허설하기 　– 우리 고장 지도 발표하기	사회4

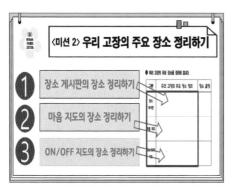

고장의 주요 장소 정리하기

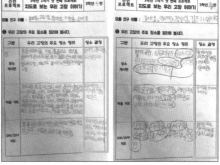

고장의 주요 장소 결정하기

　9~10차시 수업은 '달서구 지도야 놀자~' 활동으로 시작했다. 커다란 (대구광역시) 달서구 지도에서 교사가 제시하는 장소를 모둠별로 찾는 활동을 게임 형식으로 진행했다. 이어 이전 시간 수업했던 우리 고장 장소 카드(장소 게시판), 마음 지도, ON 지도, 달서구 지도에서 기억나는 장소들을 학습지에 모두 적으면서 우리 고

장의 주요 장소를 정리했다. 이후 정리한 주요 장소들의 위치를 ON 지도로 검색하여 찾은 후 달서구 지도에 보드마카로 표시하도록 했다. 가장 많이 찾은 모둠은 29개였고, 가장 적게 찾은 모둠은 9개였다(보드마카 표시는 수업 종료 후 다음 시간 활동을 위해 지웠다).

11~12차시 수업은 '달서구 지도야 놀자~' 활동을 한 번 더 하면서 시작했다. 이어 지난 시간에 찾은 우리 고장의 주요 장소 중에서 중요하다고 생각하는 장소를 3개씩 결정하도록 했다. 이렇게 결정한 주요 장소를 지난 수업 때처럼 ON 지도를 활용하여 위치를 찾고 달서구 지도에 표시했다. 이후 주요 장소에 대한 간단한 설명이 담긴 장소 게시판을 포스트잇으로 작성하여 지도에 붙여서 모둠별로 우리 고장 지도를 완성했다(★평가3). 마지막으로 '우리 고장 지도 발표하기'를 했는데 모둠별로 간단하게 발표 연습을 한 후 전체가 보는 앞에서 우리 고장 지도를 발표하면서 수업을 마무리했다.

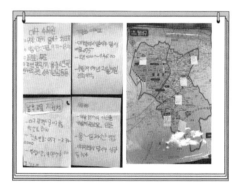

우리 고장 지도 만들기

우리 고장 지도 발표하기

프로젝트 닫기(1차시)

차시	활동 및 내용	교과 및 시수
13/13	○프로젝트 되돌아보기 ○프로젝트 성찰 일지 쓰기	사회1

    프로젝트 닫기에서는 그동안 수업한 것을 정리한 프로젝트 PPT와 결과물들을 보면서 프로젝트를 되돌아보는 시간을 가졌다. 이어 프로젝트로 알게 된 점, 느낀 점, 수업의 여러 활동 중 재미있었던 것, 힘들었던 것 등이 담긴 성찰 일지를 작성하고 공유하는 시간을 가졌다.

프로젝트 돌아보기

지도 수업을 할 때면 항상 고민되는 것이 있다. 그것은 바로 우리 아이들에게 ON 지도(웹 지도)와 OFF 지도(평면 지도)를 어떤 비율로 어느 정도까지 가르치는 것이 좋을까 하는 것이다. 필자가 어렸을 때만 해도 여행을 하거나 길을 찾을 때면 평면 지도나 지도 책자를 사용했지만 지금은 ON 지도로 장소와 길을 찾아가고 주변에 무엇이 있는지 쉽게 알 수 있다. 즉, 지도에 접근하는 방법 자체가 완전히 달라져 버린 것이다. 필자는 3~4학년 지도 수업에서 ON 지도와 OFF 지도를 조화롭게 지도하고자 노력했지만 그 결과는 장담하지 못하겠다.

선생님들은 ON 지도와 OFF 지도를 어떤 비율로
어느 정도까지 가르치는 것이 좋다고 생각하나요?

지도 수업을 할 때 평면 지도를 사용한다면 작은 지도보다는 대형 지도를 활용하기를 권한다. 자기보다 커다란 지도가 있다는 것만으로도 아이들은 즐겁게 수업에 참여했다. 커다란 지도를 가운데 놓고 열심히 검색하고 표시하는 아이들 모습을 보는 것은 수업 내내 즐거운 일이었다.

하지만 대형 지도만 사용하여 모둠 활동 위주로 수업을 진행하면 아이들의 학습을 개별적으로 확인하기가 어렵다. 그렇기 때문에 상황이 허락한다면 개별용 지도도 준비하여 마무리 활동은 개별적으로 하면 좋을 것이다.

대형 지도 활용하기

'1단원 우리 고장의 모습'은 원래 15차시로 계획했다. 하지만 수석교사가 지원할 수 있는 수업 시간의 한계로 13차시로 줄여서 수업하게 되었다. 선생님이 수업할 때는 15차시로 진행하여 좀 더 여유 있게 수업을 진행하면 좋을 것이다.

〈지도로 보는 우리 고장 이야기〉 프로젝트는 2021년에 계획하여 실천하고 기록한 프로젝트다.

02
우리는 달서구 어린이 동네 해설사
: 우리 고장의 시간을 이해하다

STEP1 **프로젝트 설계하기**

〈우리는 달서구 어린이 동네 해설사〉 프로젝트는?

　3학년 아이들은 우리 고장인 (대구광역시) 달서구의 역사적인 유래와 대표적인 문화유산을 얼마나 알고 있을까? 공간적인 측면인 지리처럼 시간적인 측면인 역사에 대한 지식과 이해 또한 많이 부족한 우리 아이들에게 어떻게 하면 우리 고장의 시간적인 측면을 좀 더 재미있게 가르칠 수 있을까?

　앞서 고장의 공간적인 측면을 공부한 〈지도로 보는 우리 고장 이야기〉 프로젝트와 연결하여 공간이라는 바탕 위에 시간을 다루면 고장을 좀 더 입체적으로 이해할 수 있지 않을까 생각했다. 또 해설사 인증시험이라는 활동을 하여 밋밋하고 반복적이기 쉬운 조사·정리 활동에 목적의식과 재미를 가져올 수 있을 것이다.

이에 따라 먼저 달서구의 전반적인 지리와 역사를 알아본다. 그리고 한 동네를 선택하여 옛이야기와 문화유산을 조사하고 정리한 후 이를 바탕으로 달서구 어린이 동네 해설사 인증시험에 도전하여 마지막으로 동네 해설사의 날을 개최하고자 한다.

이처럼 〈우리는 달서구 어린이 동네 해설사〉는 우리 고장의 옛이야기와 대표적인 문화유산을 조사·정리하고, 이를 바탕으로 달서구 어린이 동네 해설사 인증시험 활동을 하여 우리 고장의 시간을 이해해 보는 프로젝트다.

프로젝트 수업 한눈에 보기

활동 주제	탐구 질문	활동 및 내용	교과	시수
프로젝트 열기		○달서구청장 편지를 보며 동기 유발하기 ○프로젝트 안내하기		1
STEP 1 – 달서구 둘러보기	달서구의 모습과 역사는 어떠한가?	○달서구의 모습과 역사 알아보기 · 달서구 모습, 역사 알아보기 ○해설할 동네 선택하기 · 달서구에 있는 동 정리하고 해설할 동네 선택하기	사회	3
STEP 2 – 우리는 동네 전문가	동네의 옛이야기와 문화유산에는 어떤 것이 있는가?	○동네 전문가 되기 · 동네의 위치, 인구 등 기본 정보 조사하기 · 동네의 옛이야기, 문화유산 조사하기 · 동네의 인물, 축제 조사하기		4
STEP 3 – 달서구 어린이 동네 해설사 인증시험	달서구 어린이 동네 해설사 인증시험을 어떻게 통과할 것인가?	○도전, 달서구 어린이 동네 해설사 인증시험 · 동네 해설사 인증시험 준비하기(요강 확인) · 동네 해설사 인증시험 도전하기 – 필기시험, 실기시험 ○'우리는 달서구 어린이 동네 해설사'의 날 행사하기		4
프로젝트 닫기		○프로젝트 되돌아보기 ○프로젝트 성찰 일지 쓰기		1

교과서 관련 단원 및 시수

교과	단원	시수
사회	2. 우리가 알아보는 고장 이야기	13
	계	13

평가

순	교과	성취 기준	평가 문항	평가 방법
1	사회	[4사01-03] 고장과 관련된 옛이야기를 통해 고장의 역사적인 유래와 특징을 설명한다.	선택한 동네의 옛이야기를 조사·정리하여 고장의 역사적인 유래와 특징을 달서구 어린이 동네 해설사의 날에 소개하는가?	학습지 결과물, 인증시험(실기) 발표 장면 관찰
2		[4사01-04] 고장에 전해져 내려오는 대표적인 문화유산을 살펴보고 고장에 대한 자긍심을 기른다.	선택한 동네의 대표적인 문화유산을 조사·정리하여 달서구 어린이 동네 해설사의 날에 소개하는가?	

프로젝트 열기(1차시)

차시	활동 및 내용	교과 및 시수
1/13	○달서구청장 편지를 보며 동기 유발하기 ○프로젝트 안내하기	사회1

동네 해설사 인증시험 공고문   인증시험 참가 신청서 작성하기

〈우리는 달서구 어린이 동네 해설사〉 프로젝트는 우리가 살고 있는 달서구 역사를 얼마나 알고 있는지 질문하는 것으로 시작했다. 달서구 옛이야기는 아는 것이 없었고 달서구 문화유산은 학교 근처에 있는 선사유적공원을 말하는 아이가 몇 명 있을 뿐이었다. "진천초 3학년 아이들은 우리가 살고 있는 달서구 역사를 참 모르는구나."라고 한 후 선생님이 어제 달서구청장님의 편지를 받았다고 하면서 그 내용을 들려주었다. 필자 목소리로 녹음한 달서구 어린이 동네 해설사를 모집한다는 달서구청장의 편지를 들으면서 수석 선생님의 목소리 같다며 고개를 갸우뚱하며 나를 계속 의심하던 3학년 아이들의 순수한 모습에 한참을 웃었던 기억

이 떠오른다.

이어 달서구 어린이 동네 해설사 인증시험 공고문을 설명해 주면서 선생님과 함께 도전해 보자며 인증시험 신청서를 작성하자고 했다. 신청할 사람은 앞으로 나와 신청서를 받아 가라고 했는데, 스물두 명의 아이 중 단 네 명만 나와서 참가 신청서를 받아 가는 것이었다. 당황한 필자가 왜 신청서를 작성하지 않느냐고 물어보니 수업은 하고 싶은데 시험은 치고 싶지 않다는 것이었다. 진짜 시험을 치는 것이 아니라 인증시험 콘셉트로 수업하는 것이라고 설득했지만 첫 번째 수업하는 반에서는 절반 정도의 아이만 신청서를 작성했다. 그래서 다음 반부터는 신청자를 받지 않고 그냥 다 쓰라고 할 수밖에 없었다.

이후 프로젝트 탐구 질문으로 '어떻게 달서구 어린이 동네 해설사 인증시험을 준비할 수 있을까?'를 제시하고 탐구 질문을 해결하기 위해 〈우리는 달서구 어린이 동네 해설사〉 프로젝트를 해 보자고 했다. 활동 주제 세 가지를 안내하면서 힘들었던 첫 시간 수업을 마무리했다.

STEP 1 - 달서구 둘러보기(3차시)

탐구 질문	차시	활동 및 내용	교과 및 시수
달서구의 모습과 역사는 어떠한가?	2-4/13	○달서구의 모습과 역사 알아보기 · 달서구 모습 알아보기(1) ‒ 위치, 지형과 기후, 인구와 면적 등 알아보기 · 달서구 역사 알아보기(1) ‒ 달서구의 역사, 변천 과정 등 알아보기 ○해설할 동네 선택하기 · 달서구에 있는 동 정리하고 해설할 동네 선택하기(1)	사회3

달서구의 모습과 역사 알아보기(2차시)

　2~3차시는 달서구의 전체적인 모습과 역사를 아는 것이 필요하다고 생각하여 달서구청에서 제공하는 3학년 지역화 교재인 『우리 고장 달서구』 책자를 중심으로 진행했다. 수업을 시작하기 전에 'STEP 1 – 달서구 둘러보기'는 인증시험의 1차인 필기시험을 대비하는 단계로, 수업 내용을 달서구 둘러보기 학습지에 잘 정리해 두라고 미리 안내했다.

　2차시 '달서구의 모습 알아보기'에서는 달서구의 상징, 위치, 지형과 기후, 인구와 면적을 설명했다. 특히 달서구 위치를 알아볼 때는 구글 어스, 『우리 고장 달서구』 책자, 〈지도로 보는 우리 고장 이야기〉 프로젝트에서 사용한 대형 달서구 지도를 모두 활용했다. 달서구 지도로는 달서구 테두리 따라 그리기, 진천초등학교가 있는 진천동 찾기, 달서구에 있는 동을 모두 찾아 동그라미로 표시하기를 순서대로 하면서 달서구를 자세히 살펴볼 수 있도록 했다.

　3차시는 지난 시간에 수업한 '달서구의 모습 알아보기'를 복습하는 것으로 시작했다. 특히 달서구에 있는 동 24개를 확인한 후 지난 시간 우리가 찾은 것은 법정동이고, 법정동과는 다른 행정동이라는 것이 있음을 간단하게 설명해 주었다. '달서구의 역사 알아보기'는 달서의 뜻, 구석기 시대 유물, 청동기 시대의 입석과 고인돌, 선사유적공원을 간단히 설명하고 달서구 옛 모습과 현재 모습을 비교하는 사진을 보여 주면서 마무리했다.

달서구에 있는 동 표시하기

달서구 둘러보기 학습지 정리하기

해설할 동네 선택하기(1차시)

4차시는 먼저 법정동과 행정동을 다시 설명한 후 우리 수업에서는 일상적으로 사용하는 법정동으로 해설할 동네를 선택했다. 이어 『우리 고장 달서구』 책자에서 달서구의 여러 동을 소개한 부분을 읽어 보고 자기가 해설하고 싶은 동네를 하나 선택하도록 했다. 다음 시간부터는 자기가 선택한 동네로 'STEP 2 – 우리는 동네 전문가' 활동 주제를 시작한다고 안내하며 수업을 마무리했다.

STEP 2 – 우리는 동네 전문가(4차시)

탐구 질문	차시	활동 및 내용	교과 및 시수
동네의 옛이야기와 문화유산에는 어떤 것이 있는가?	5-8/13	O동네 전문가 되기 · 동네의 위치, 인구 등 기본 정보 조사하기(1) · 동네의 옛이야기 조사하기(1) ★평가1 　– 동네의 지명 유래 알아보기 · 동네의 문화유산 조사하기(1) ★평가2 　– 동네에 있는 문화재(유물, 유적), 사찰, 서원 등 알아보기 · 동네의 인물, 축제 조사하기(1)	사회4

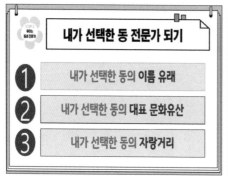
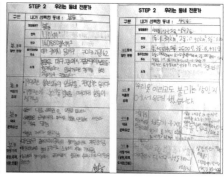

동네 전문가 되기 조사 항목   우리는 동네 전문가 학습지

　　5차시는 먼저 'STEP 1 － 달서구 둘러보기'에서 배운 달서구의 지리와 역사에 대한 예비 필기시험을 치는 것으로 시작했다. 달서구 둘러보기 학습지를 5분 정도 읽게 한 후 달서구의 지리와 역사 문제를 PPT 화면으로 하나씩 제시하면서 아이들의 대답을 듣고 나서 필자가 문제와 정답을 다시 설명해 주었다.

　　본격적인 '우리는 동네 전문가' 수업은 앞서 자기가 선택한 동의 면적, 인구, 간단한 소개 등 일반 현황을 조사하는 것으로 시작했다. 필자가 있는 학교는 에듀 테크 선도 학교로 1인 1 스마트 기기가 보급되어 있어 조사 학습 등에 큰 도움이 되었다. 조사한 내용은 '우리는 동네 전문가 학습지'에 정리하여 검사를 받도록 했다.

　　6~8차시는 예비 필기시험 2로 시작했는데 예비 필기시험 1과 문제가 같았지만 이번에는 시험 분위기를 내기 위해 큰 포스트잇을 답안지로 사용했다. 이어 3시간 동안 『우리 고장 달서구』 책자, 스마트 기기를 이용하여 '1. 내가 선택한 동의 이름 유래', '2. 내가 선택한 동의 대표 문화유산', '3. 내가 선택한 동의 자랑거리'를 순서대로 조사하고 정리하도록 했다(★평가1,2). 하나의 정리가 끝나면 검사

를 받고 다음으로 넘어가도록 했다. 하지만 3학년 아이들이 스마트 기기를 사용하여 무언가를 조사하고 정리하기가 쉽지 않았기에 달서구청 홈페이지와 각 행정복지센터 홈페이지에 들어가는 방법 등 조사 방법을 자세하게 설명해 주었을 뿐만 아니라 학습 시간도 충분히 주고자 했다. 모르는 것이 있으면 언제든 나와서 물어보라고 했는데, 반 아이들 절반 이상이 나와서 줄을 서는 바람에 또 한 번 크게 당황한 기억이 있다.

STEP 3 - 달서구 어린이 동네 해설사 인증시험(4차시)

탐구 질문	차시	활동 및 내용	교과 및 시수
달서구 어린이 동네 해설사 인증시험을 어떻게 통과할 것인가?	9~12/13	○도전, 달서구 어린이 동네 해설사 인증시험 · 동네 해설사 인증시험 준비하기(1) – 인증시험 요강 확인하여 시험 준비하기 · 동네 해설사 인증시험 도전하기(2) ★평가1,2 – 1차 필기시험 – 2차 실기시험 ○'우리는 달서구 어린이 동네 해설사'의 날 행사하기 · 동네 해설사로 전체 발표하기(1)	사회4

도전, 달서구 어린이 동네 해설사 인증시험(3차시)

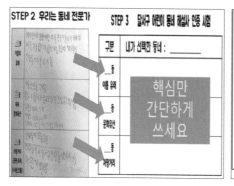

해설 대본의 기초 내용 작성하기   실기시험 대본 예시

    9차시 '동네 해설사 인증시험 준비하기'는 인증시험 요강을 확인하는 것으로 시작했다. 이어 1차 시험인 필기시험을 준비하기 위해 '달서구 둘러보기 학습지'를 다시 읽은 후 짝 및 모둠 친구들과 서로 문제를 내며 필기시험을 연습하게 했다. 2차 시험인 실기시험을 준비하기 위해서는 '동네 전문가 학습지' 내용 중 핵심만 간단하게 요약하여 실기시험에 쓰일 동네 해설 대본의 기초 내용으로 사용할 수 있도록 했다.

    10~11차시 '동네 해설사 인증시험 도전하기'는 먼저 1차 시험인 필기시험을 보는 것으로 시작했는데 인증시험지를 정식으로 만들어 실시했고 채점도 필자가 직접 했다. 10문항 중 6문항 이상을 맞아야 통과할 수 있는데, 반마다 두세 명 정도가 통과하지 못했지만 재시험을 실시하여 전원 통과할 수 있도록 했다(★평가1). 2차 시험인 실기시험은 9차시에 작성한 해설 대본의 기초 내용과 실기시험 대본 예시를 참고하여 동네 해설 대본을 작성하게 했고, 이어 대본을 외우면서 연습하고 다한 사람들은 개별로 인증시험에 도전하도록 했다. 처음에는 대본을 다 외워

서 시험을 치려고 했으나 아이들이 작성한 대본 내용이 많아 보고 해도 좋으니 해설사답게 또박또박, 자신감 있게 발표하면 통과된다고 알려 주었다. 통과한 아이들은 아직 통과하지 못한 친구들의 연습을 도와주게 했으며, 수업 시간 안에 실기시험을 통과하지 못한 아이들이 반마다 두세 명 정도 있었는데 방과 후 찾아와서 검사받도록 했다(★평가2).

'우리는 달서구 어린이 동네 해설사'의 날 행사하기(1차시)

달서구 어린이 동네 해설사의 날

12차시는 프로젝트 수업의 마지막 활동으로 '우리는 달서구 어린이 동네 해설사'의 날 행사를 실시했다. 1차 필기시험과 2차 실기시험을 통과한 모든 학생이 달서구 어린이 동네 해설사가 되어 자기가 선택한 동네를 해설하는 시간을 가졌다.

어린이 해설사가 나오면 칠판에 붙여 놓은 달서구 대형 지도에서 자기가 해설할 동을 찾아 포스트잇을 붙인 후 친구들 앞에서 발표하게 했다. 대본만 보고 읽는 것이 아니라 최대한 해설사처럼 친구들을 보면서 설명하듯이 해설하려고 노력하는 모습이 너무나 고마웠다.

프로젝트 닫기(1차시)

차시	활동 및 내용	교과 및 시수
13/13	ㅇ프로젝트 되돌아보기 ㅇ프로젝트 성찰 일지 쓰기	사회1

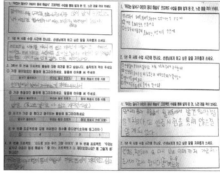

프로젝트 되돌아보기, 성찰 일지 공유하기　　　　프로젝트 성찰 일지

　　13차시 프로젝트 닫기는 먼저 그동안 찍어 두었던 사진과 결과물을 정리한 PPT를 보면서 지금까지 진행했던 프로젝트를 되돌아보는 시간을 가졌다. 이어 이번 프로젝트로 알게 된 점, 느낀 점, 그리고 활동 평가 항목으로 구성된 성찰 일지를 작성하고 친구들과 공유하면서 수업을 마무리했다.

프로젝트 돌아보기

거의 5~6학년만 담임하다 처음으로 한 3학년 수업에서 필자는 '당황함'과 '순수함'이라는 두 가지 감정을 함께 느꼈다. 달서구청장의 목소리인지 선생님의 목소리인지 헷갈려 하면서 고개를 갸우뚱하던 모습, 인증시험 신청서를 받을 때 자기는 시험이 너무나 싫다고 절대로 인증시험 신청서를 작성하지 않겠다고 버티던 아이, 조사할 때 물어볼 것이 있으면 언제든지 나오라고 하니 아이들 반 이상이 나와 줄을 서던 모습, 동네 해설사의 날 때 외웠던 내용이 기억나지 않아서 울먹이던 모습까지······. 〈지도로 보는 우리 고장 이야기〉를 할 때는 느끼지 못했던 순수한 모습과 함께 고학년에 익숙한 필자를 완전 당황하게 만들던 3학년 아이들의 모습은 잊을 수 없을 것이다.

3학년에 나오는 고장을 지도하다 보면 법정동과 행정동이라는 용어를 만나는데 필자는 솔직히 이 프로젝트를 진행하기 전까지 두 용어를 정확하게 구분하지 못했다. 법정동은 법률로 지정된 행정 구역으로 우리가 흔히 일상생활에서 사용하는 동네 이름이다. 이에 반해 행정동은 행정복지센터 설치 기준인 인구 3만 명을 기준으로 행정 편의상 설정한 행정 구역이다. 그렇기 때문에 인구가 적은 동은 바로 인근의 동과 인구를 합쳐 하나의 행정동으로 만들기도 하고, 인구가 많은 동은 2~3개의 행정동으로 나누기도 한다. 우리 3학년 아이들에게는 일상생활에서 사용하는 명칭과 행정적으로 관리하는 명칭을 어떻게, 어느 수준까지 가르치는 것이 좋을까?

'2단원 우리가 알아보는 고장 이야기'는 원래 15차시로 계획했다. 하지만 수석 교사가 지원할 수 있는 수업 시간의 한계로 13차시로 줄여서 수업하게 되었다. 선생님이 수업할 때는 15차시로 진행하여 좀 더 여유 있게 수업을 진행하면 좋을 것이다.

〈우리는 달서구 어린이 동네 해설사〉 프로젝트는 2021년에 계획하여 실천하고 기록한 프로젝트다.

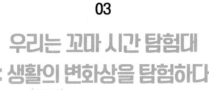

03

우리는 꼬마 시간 탐험대
: 생활의 변화상을 탐험하다

STEP1 프로젝트 설계하기

〈우리는 꼬마 시간 탐험대〉 프로젝트는?

3학년 아이들이 옛날과 오늘날의 생활 도구와 주거 형태의 모습을 비교하고 그 변화상을 이해한다는 것은 쉽지 않은 일이다. 또 농경 사회의 특징을 반영하고 있는 세시 풍속은 지금의 4차 산업 혁명 사회에서는 그 의미가 많이 퇴색되었다. 이런 상황에서 3학년 아이들에게 옛날과 오늘날의 생활 모습과 세시 풍속을 어떻게 가르쳐야 할까?

타임머신을 타고 과거를 탐험하는 시간 탐험대를 조직하여 탐험대별로 함께 생활 도구와 주거 형태를 조사하여 알게 하고 이를 통해 생활 모습의 변화상을 이해하도록 했다. 또 좀 더 심층적으로 세시 풍속을 조사하고 체험하면서 즐겁게 학습하도록 하는 것이 필요하다고 생각했다.

이와 같이 〈우리는 꼬마 시간 탐험대〉 프로젝트는 과거와 현재의 생활 도구와 주거 형태, 세시 풍속을 조사하고 정리하여 그 변화상을 파악할 수 있도록 하는 프로젝트다.

프로젝트 수업 한눈에 보기

활동 주제	탐구 질문	활동 및 내용	교과	시수
프로젝트 열기		○옛날의 도구, 집, 세시 풍속 퀴즈 알아맞히며 동기 유발하기 ○프로젝트 안내하기		1
호모 파베르의 흔적을 찾아라	생활 도구와 주거 형태는 어떻게 변화했나요?	○생활 도구의 변화를 정리하라 · 선사 시대 도구의 재료 변화 알아보기 · 생활 도구(농사, 음식, 옷)의 변화 알아보기 ○주거 형태의 변화를 파악하라 ○호모 파베르의 흔적을 찾아라 · 생활 도구, 주거 형태의 발전 과정 정리하기 · 생활 모습의 변화 종합하여 정리하기	사회 국어	7
호모 루덴스의 흔적을 찾아라	세시 풍속은 어떻게 변화했나요?	○과거의 세시 풍속을 정리하라 · 세시 풍속에 대해 알아보기 · 과거의 세시 풍속 조사 및 정리하기 ○호모 루덴스의 흔적을 찾아라 · 과거와 현재의 세시 풍속 비교하기 · 세시 풍속의 변화 과정 파악하기		7
제1회 진천 세시 풍속 한마당	세시 풍속을 어떻게 소개할 것인가?	○진천 세시 풍속 한마당 준비하기 · 준비 계획서 작성하기 · 설명 코너, 체험 코너 자료 제작하기 · 코너 설치 및 리허설하기 ○진천 세시 풍속 한마당 개최하기 · 진천 세시 풍속 한마당 운영하기		8
프로젝트 닫기		○프로젝트 되돌아보기 ○프로젝트 성찰 일지 쓰기		1

교과서 관련 단원 및 시수

교과	단원	시수
사회	2. 시대마다 다른 삶의 모습	16
국어	8. 글의 흐름에 따라	8
계		24

평가

순	교과	성취 기준	평가 문항	평가 방법
1	사회	[4사02-03] 옛사람들의 생활 도구나 주거 형태를 알아보고, 오늘날의 생활 모습과 비교하여 그 변화상을 탐색한다.	옛사람들의 생활 도구나 주거 형태를 조사 정리하고, 오늘날의 생활 모습과 비교하여 그 변화상을 파악하는가?	호모 파베르 학습지
2		[4사02-04] 옛날의 세시 풍속을 알아보고, 오늘날의 변화상을 탐색하여 공통점과 차이점을 분석한다.	옛날의 세시 풍속을 조사 정리하고, 오늘날과 비교하여 그 변화상을 파악하는가?	호모 루덴스 학습지
3	국어	[4국02-01] 문단과 글의 중심 생각을 파악한다.	읽기 자료를 읽고 문단을 구분하고 글의 중심 생각을 파악하는가?	호모 파베르 학습지, 호모 루덴스 학습지
4		[4국03-02] 시간의 흐름에 따라 사건이나 행동이 드러나게 글을 쓴다.	시간의 흐름에 따라 사건이나 행동이 드러나게 세시 풍속 한마당 코너 설명 자료를 제작하는가?	코너 설명 자료 결과물

STEP2 프로젝트 실천하기

프로젝트 열기(1차시)

차시	활동 및 내용	교과 및 시수
1/24	○옛날의 도구, 집, 세시 풍속 퀴즈 알아맞히며 동기 유발하기 ○프로젝트 안내하기	사회1

〈우리는 꼬마 시간 탐험대〉 프로젝트는 프로젝트 수업을 위한 퀴즈 타임으로 시작했다. 교과서에 나오는 옛날과 오늘날의 여러 가지 생활 도구와 세시 풍속 문제를 PPT로 제시하여 가장 먼저 손을 든 아이에게 발표할 기회를 주었다. 주먹 도끼는 돌멩이와 고인돌, 빗살무늬 토기는 팽이, 청동 거울은 뚜껑, 움집은 초가집 등 3학년 아이답게 기상천외한 답들이 쏟아져 나왔다. 총 18개 문항의 퀴즈 타임을 마친 후 아이들에게 답을 알고 있었던 문제 개수를 대략적으로 세어 보라고 했다. 세 반 총 70여 명 중 10문항 이상을 알고 있는 아이가 2명, 6~9문항을 알고 있는 아이가 15명이었고, 나머지는 0~5문항이었다.

"우리 3학년이 모르는 게 많구나. 음~ 너무 무식해."라며 도발하고는 "우리가 유식해지려면 무엇을 알아보면 좋을까?"라고 질문했다. 그러면서 "옛날과 오늘날의 생활 모습과 세시 풍속 변화를 알아보자."라는 프로젝트 탐구 질문을 이끌어 냈고, 이 문제를 해결하기 위해 친구들과 함께 타임머신을 타고 옛날과 오늘날을 오가며 시간 탐험을 하는 〈우리는 꼬마 시간 탐험대〉 프로젝트를 하자고 했다. 이후 활동 주제 세 가지를 아이들에게 안내하면서 다음 시간부터는 '활동 주제 1 − 호모 파베르의 흔적을 찾아라'로 첫 번째 탐험을 떠난다고 하며 수업을 마무리했다.

활동 주제를 소개할 때 호모 파베르와 호모 루덴스가 무엇인지 물어보는 아이들이 있어 선생님도 잘 모르니까 궁금한 사람이 알아 오면 간식을 준다고 했지만 다음 시간에 알아 온 아이는 한 명도 없었다는…….

호모 파베르의 흔적을 찾아라(7차시)

탐구 질문	차시	활동 및 내용	교과 및 시수
생활 도구와 주거 형태는 어떻게 변화했나요?	2-8/24	○생활 도구의 변화를 정리하라 · 선사 시대 도구의 재료 변화 알아보기(1) 　– 구석기, 신석기, 청동기, 철기로의 발전 알아보기 · 생활 도구(농사, 음식, 옷)의 변화 알아보기(2) ★평가1,3 　– 생활 도구(농사, 음식, 옷) 변화 조사하기 　– 생활 도구의 변화 과정 정리하기 ○주거 형태의 변화를 파악하라 · 시대별 주거 형태 조사 · 정리하기(2) ★평가1,3 ○호모 파베르의 흔적을 찾아라 · 생활 도구, 주거 형태의 발전 과정 정리하기(1) · 생활 모습의 변화 종합하여 정리하기(1) ★평가1	사회5 국어2

생활 도구의 변화를 정리하라(3차시)

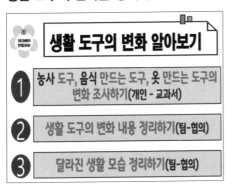

생활 도구의 변화 알아보기

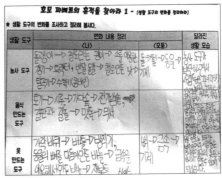

생활 도구의 변화 학습지

2차시는 '도구를 사용하는 인간'이라는 호모 파베르(Homo Faber) 뜻을 설명하면서 시작했다. 활동 주제 1의 탐구 질문을 안내한 후 인간이 사용했던 도구의 흔적을 찾아 탐험을 떠나자고 했다. 안전벨트를 매고 탑승을 완료한 후 출발이라고 외치면서 첫 번째 시간 탐험 '선사 시대 도구의 재료 변화 알아보기'를 시작했다.

3학년이지만 시대를 구분하는 용어는 그대로 사용해도 괜찮다고 생각해서 교육과정과 교과서에 언급하지 않는 구석기, 신석기, 청동기, 철기라는 용어를 사용하여 시대별 도구 재료와 의식주 생활 등을 설명했다. 다른 것은 다 잊어도 구석기, 신석기, 청동기, 철기 시대의 용어는 기억할 수 있도록 수업 중간중간 10초간 외우는 시간을 주고 몇 명에게는 외운 것을 발표하게 했다.

3~4차시 '생활 도구의 변화 알아보기'는 호모 파베르의 뜻, 탐구 질문, 지난 시간에 수업한 '선사 시대 도구의 재료 변화'를 다시 살펴본 후 두 번째 시간 탐험을 떠나기 위해 안전벨트를 매고 '출발'이라고 외치는 것으로 시작했다. 먼저 개별로 교과서를 보고 농사 도구, 음식을 만드는 도구, 옷을 만드는 도구의 변화 과정을 '생활 도구의 변화 학습지' 변화 내용 정리의 '나' 부분에 정리하도록 했다. 책을 읽고 내용을 정리하는 것이 3학년에게는 힘들 수 있기에 아이들의 진행 상태를 확인하며 교과서를 어떻게 요약하고 정리해야 하는지 지속적으로 피드백해 주었다. 이어 개별로 조사하여 정리한 내용을 모둠 내에서 발표하고, 친구 발표를 듣고 보충할 내용은 변화 내용 정리의 '모둠' 부분에 정리하도록 했다. 마지막으로 생활 도구의 변화 과정에 따라 달라진 생활 모습을 교과서의 정리톡톡 부분을 참고하여 모둠에서 협의하여 정리하도록 했다(★평가1.3). 생활 도구별로 정리한 내용을 한두 명의 아이들이 발표한 후 수업을 마무리했다.

주거 형태의 변화를 파악하라(2차시)

주거 형태의 변화 알아보기

주거 형태의 변화 학습지

5~6차시 '주거 형태의 변화를 파악하라'는 지난 시간에 수업한 '생활 도구의 변화'를 필자가 정리한 PPT로 다시 한 번 확인한 후 세 번째 시간 탐험을 떠나는 것으로 시작했다. 먼저 모둠별로 교과서를 읽으면서 다섯 가지 주거 형태인 동굴이나 바위그늘, 움집, 초가집, 기와집, 공동주택을 찾아 적으며 주거 형태의 변화 과정을 파악하도록 했다. 이어 개별로 교과서를 보면서 각 주거 형태에 따른 집 만드는 재료와 집의 모습을 학습지에 정리하여 검사를 받도록 했는데, 교과서 내용을 정리할 때는 아무 생각 없이 책의 내용을 그대로 적지 말고 중요한 내용만 간추려서 정리하도록 지속적으로 지도했다. 이후 교과서를 바탕으로 주거 형태에 따른 생활 모습을 모둠별로 협의하여 정리하도록 했고, 마지막으로 다섯 가지 주거 형태별로 한두 명의 아이들이 전체 발표를 하면서 수업을 마무리했다(★평가1,3).

'주거 형태의 변화를 파악하라' 수업은 3~4차시 '생활 도구의 변화 알아보기' 수업과 거의 같은 흐름으로 진행했다. 필자의 경우 아이들이 수업 흐름에 익숙해져 수업 내용에 좀 더 집중할 수 있도록 똑같은 흐름의 수업 패턴을 자주 활용하는 편이다. 특히 수석교사는 담임이나 교과전담 교사처럼 1년을 두고 조사하기, 모둠 협의하기를 체계적으로 지도할 시간적 여유가 없다. 그래서 이런 반복적인 수업 흐름을 활용하여 프로젝트 수업 기본 기능을 지도하려고 노력한다.

호모 파베르의 흔적을 찾아라(2차시)

생활 도구 · 주거 형태 쪽지시험 　　　　　호모 파베르의 흔적을 찾아라 3 학습지

　　　7~8차시 '호모 파베르의 흔적을 찾아라'는 지금까지 공부한 생활 도구 및 주거 형태의 발전 과정과 이에 따른 생활 모습의 변화를 개인별로 종합하여 정리하는 수업이다. 먼저 생활 도구(농사, 음식, 옷)의 변화를 다시 한 번 설명하고 5분간 시간을 주면서 '생활 도구의 변화 학습지(학습지 1)'에 각자 정리한 것 중 변화 내용만 외우게 했다. 다 외운 사람은 친구들과 문제 내기를 해도 된다고 했다. 이후 생활 도구별로 발전 과정을 포스트잇에 쓰게 한 후 다 쓴 사람은 칠판에 있는 보드판에 붙이도록 했다. 주거 형태의 변화도 생활 도구의 변화와 똑같은 흐름으로 진행했는데 '주거 형태의 변화 학습지(학습지 2)'에 정리한 내용 중 주거 형태와 집 만드는 재료만 외우도록 하여 시험을 치렀다.

본격적인 탐험은 학습지 1·2와 교과서를 참고하여 '호모 파베르의 흔적을 찾아라 3 학습지'에 생활 도구와 주거 형태의 발전 과정을 정리하는 것으로 시작했는데, 개별로 정리한 후 모둠 내에서 발표하고 부족한 내용은 보충하도록 했다. 생활 모습의 변화 종합하기는 학습지 1과 학습지 2의 생활 모습의 변화 부분을 읽고 정리하도록 했는데, 15분 정도 충분한 시간을 주었음에도 아이들이 상당히 힘들어 했다(★평가1). 종합하기가 내용을 나열하는 것이 아니라 정리한 내용을 바탕으로 자기만의 말로 나타내는 것인데, 아무래도 3학년이 하기에는 벅찼던 것 같다. 마지막으로 '호모 파베르의 흔적을 찾아라' 활동을 하면서 알게 된 점과 느낀 점을 쓰고 발표하는 시간을 간단히 가지면서 수업을 마무리했다.

호모 루덴스의 흔적을 찾아라(7차시)

탐구 질문	차시	활동 및 내용	교과 및 시수
세시 풍속은 어떻게 변화했나요?	9–15/24	O과거의 세시 풍속을 정리하라 · 세시 풍속에 대해 알아보기(1) · 과거의 세시 풍속 조사하기(2) ★평가3 · 과거의 세시 풍속 정리하기(2) ★평가2 O호모 루덴스의 흔적을 찾아라 · 과거와 현재의 세시 풍속 비교하기(1) · 세시 풍속의 변화 과정 파악하기(1) ★평가2	사회5 국어2

과거의 세시 풍속을 정리하라(5차시)

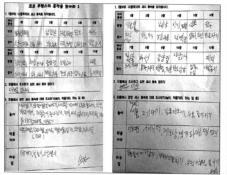
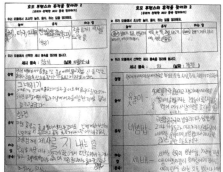

세시 풍속 조사하기 학습지　　　　　　　　세시 풍속 정리하기 학습지

　9차시 '세시 풍속에 대해 알아보기'는 '놀이하는 인간'이라는 호모 루덴스 (Homo Ludens) 뜻을 설명한 후 활동 주제 2의 탐구 질문 '세시 풍속은 어떻게 변화했나요?'를 안내하면서 시작했다. 먼저 본시 수업 전 주에 있었던 추석을 어떻게 보냈는지 아이들 이야기를 들어 보았는데 차례, 성묘, 송편, 벌초 등 이야기가 나오면 한 번 더 강조해 주었다. 그러면서 지난 5년간 추석 날짜(양력)를 보여 주면서 왜 날짜가 달라지는지 물어보았다. 대부분의 아이가 추석이 음력 8월 15일인 것을 모르고 있었는데, 3학년 수준에 깊이 있게 설명하는 것이 적절하지 않다고 생각하여 음력은 달, 양력은 해를 기준으로 날짜를 세는 것이고 음력과 양력의 날짜 수가 달라서 추석의 양력 날짜가 변하는 것이라고 했다.

　이어 세시 풍속 의미를 설명한 후 알고 있는 세시 풍속을 말해 보라고 했는데, 반마다 4~5개 정도가 나왔다. 세시 풍속을 좀 더 알아보자고 하면서 '세시 풍속 퀴즈'를 같이 풀어 보았다. 이후 포스트잇으로 '세시 풍속 스피드 퀴즈'를 하여 얼마나 기억하고 있는지 확인했다. 마지막으로 세시 풍속 의미를 세시와 풍속으로 나누어 말하고, 세시 풍속은 명절(음력)+절기(양력)로 되어 있음을 설명하면서 수업을 마무리했다.

10~11차시 '과거의 세시 풍속 조사하기'는 세시 풍속 퀴즈를 함께 푼 후 '세시 풍속 스피드 퀴즈 2'를 하면서 시작했는데, 지난번과 똑같은 문제를 똑같은 순서로 제시했다. 이어 세시 풍속이란 명절과 절기를 합한 것이고, 농사와 밀접한 관련이 있다고 설명한 후 본격적인 탐험을 시작했다.

먼저 '세시 풍속 열두 마당'이라는 어린이 책을 모둠별로 나누어 주고 1~12월의 세시 풍속을 명절과 절기로 구분하여 찾아보도록 했다. 책에 명절은 음력으로, 절기는 양력으로 날짜가 나오기 때문에 아이들에게 이 점을 꼭 안내하고 정리하라고 했다. 정리한 세시 풍속 중 모둠에서 조사하고 싶은 세시 풍속 하나를 선택하도록 했는데 대부분 설날, 대보름, 단오, 추석이 나왔으며 상달 고사, 중양절, 제석 등도 선택되었다. 하지만 마지막 활동 주제인 세시 풍속 한마당과 연계를 생각하여 동지, 한식, 유두 등으로 바꾸도록 유도했다. 마지막으로 모둠에서 정한 세시 풍속의 놀이, 먹을거리, 하는 일을 개별로 조사하도록 했다. 필자가 읽기 자료로 준비한 세 종류의 세시 풍속 어린이 책을 먼저 활용하게 했고, 내용을 보충하는 도구로 스마트 기기 검색을 활용하도록 했다(★평가3). 이 활동을 할 때 아이들이 자기가 조사한 내용을 놀이, 먹을거리, 하는 일 중 어디에 넣어야 하는지 많이 물어보았는데, 정답이 있는 것이 아니니 본인이 생각하는 곳에 넣으면 된다고 했다.

12~13차시 '과거의 세시 풍속 정리하기'는 '세시 풍속 스피드 퀴즈 3'으로 시작했는데 이번에는 문제 순서를 다르게 했다. 세 문제 정도는 수업 시간에 공부한 내용을 출제했다. 먼저 이전 차시에 한 '세시 풍속 조사하기 학습지'에서 개별로 정리한 놀이, 먹을거리, 하는 일을 어디에 넣을지 모둠에서 협의하여 '세시 풍속

정리하기 학습지'에 기록하도록 했다. 이어 모둠에서 선택한 세시 풍속의 이름과 날짜, 간단한 설명을 읽기 자료에서 찾아 쓴 후 모둠끼리 협의하여 정리한 놀이, 음식, 하는 일 중 자기가 조사하고 싶은 것을 하나씩 선택하여 읽기 자료와 스마트 기기를 활용하여 자세히 조사하고 검사받도록 했다(★평가2).

읽기 자료를 읽거나 스마트 기기로 무언가를 검색하여 학습지에 정리하는 것은 5~6학년 아이들에게도 쉬운 일이 아니기 때문에 3학년 아이들의 정리 수준을 너무 높게 잡지는 않아야 하며 칭찬을 많이 하는 것이 좋다. 또 교사는 수업 중 피드백을 지속적이고 개별적으로 하여 아이 스스로 조사하고 정리하는 것을 조금씩이라도 해 나갈 수 있도록 도와주어야 한다.

호모 루덴스의 흔적을 찾아라(2차시)

호모 루덴스의 흔적을 찾아라 학습지

14~15차시 '호모 루덴스의 흔적을 찾아라'는 지금까지 공부한 세시 풍속을 정리하고 세시 풍속의 변화 모습과 변화 이유를 알아보는 수업이다. 먼저 세시 풍속 의미를 설명한 후 다양한 세시 풍속을 살펴보면서 세시 풍속이 왜 생겼는지 정리

해 주었다. 특히 농사와 관련된 세시 풍속이 가장 많으며, 그 외에 부모에게 효도하기 위한 것, 자기의 건강과 복을 기원하기 위한 세시 풍속도 있음을 강조했다.

본격적인 '호모 루덴스의 흔적을 찾아라' 활동은 세시 풍속 중 아이들에게 익숙하지 않은 24절기를 '세시 풍속 조사하기 학습지'를 참고하여 다시 옮겨 적고 외워 보도록 하면서 시작했다. 모둠별로 '몇 월에 있는 절기는?' 등 문제를 내서 맞히는 게임도 했다. 이어 자기가 경험한 세시 풍속을 놀이, 음식, 한 일 등 경험 내용으로 정리한 후 모둠에서 발표했다. 이후 '우리가 조사한 과거의 세시 풍속과 지금 너희들이 경험하는 세시 풍속의 모습은 어떤 것 같아?'라고 물으니 같은 점도 있고 다른 점도 있다고 이야기했다. '그럼 왜 달라졌을까?'라고 하면서 세시 풍속이 변하는 이유를 모둠끼리 협의하여 정리해 보라고 했다. 힌트로 세시 풍속이 농사, 효도, 건강, 복과 관련이 있었다는 것을 화면에 띄워 주었다. 대부분의 모둠에서 '농사를 짓는 사람이 줄어들었다'까지는 나왔지만 그래서 '농사와 관련된 세시 풍속이 줄어들고 있다'는 것까지는 나아가지 못했다. 모둠 발표를 다 듣고 나서 준비한 PPT를 보여 주면서 세시 풍속의 변화 이유를 정리해 주었다(★평가2).

마지막으로 미래에 생길 것 같은 세시 풍속을 모둠별로 예상해 보는 활동을 했다. 세시 풍속이 왜 생겼는지, 어떤 기능을 하는지 다시 설명한 후 미래의 세시 풍속을 만들어 보라고 했음에도 어른의 날, 할로윈데이, 의사의 날, 드론의 날, 빼빼로데이, 천국데이 등 세시 풍속이라고 하기에는 부족한 답이 대부분이었다. 이후 '호모 루덴스의 흔적을 찾아라' 활동을 하면서 알게 된 점과 느낀 점을 쓰고 발표하는 시간을 간단히 가졌고, 다음 시간부터는 '제1회 진천 세시 풍속 한마당'을 한다고 안내하면서 수업을 마무리했다.

제1회 진천 세시 풍속 한마당(8차시)

탐구 질문	차시	활동 및 내용	교과 및 시수
세시 풍속을 어떻게 소개할 것인가?	16–23/24	○진천 세시 풍속 한마당 준비하기 ·한마당 코너 준비 계획서 작성하기(1) ·설명 코너, 체험 코너 자료 제작하기(3) ★평가4 ·코너 설치 및 리허설하기(1) − 모둠별 자기 역할에 따라 리허설하기 − 세시 풍속 한마당 준비 완료하기 ○진천 세시 풍속 한마당 개최하기 ·진천 세시 풍속 한마당 운영하기(3) − 설명 코너와 체험 코너 운영하기 − 세시 풍속 학습지 하며 코너 체험하기	사회5 국어3

진천 세시 풍속 한마당 준비하기(5차시)

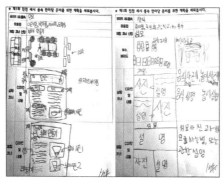

세시 풍속 한마당 계획서 작성하기

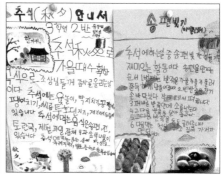

설명 코너, 체험 코너 발표 자료

16차시에는 진천 세시 풍속 한마당을 준비하기 위해 모둠별로 세시 풍속 한마당 계획서를 작성했다. 세시 풍속 한마당은 모둠별로 모둠이 선택한 세시 풍속을 알려 주는 설명 코너와 그 세시 풍속의 놀이, 음식, 하는 일 중 하나를 직접 경험해 보는 체험 코너로 구성하여 운영하고자 했다. 이에 따라 먼저 모둠별로 세시 풍속 한마당에서 체험 코너로 운영할 것을 정하게 한 후 강당에 설치할 모둠별 부스의 배치와 설명 코너, 체험 코너의 발표 자료를 어떻게 제작할지 협의하여 계획서를 완성하도록 했다. 계획서를 작성할 때 2021년 4학년 '제1회 진천 역사 박람회' 자료를 참고할 수 있도록 화면으로 보여 주었다.

계획서 검사를 통과한 모둠은 17~19차시 3시간 동안 설명 코너와 체험 코너의 발표 자료 만들기를 시작했다(★평가④). 3학년은 아직 모둠 발표 자료 만들기에 익숙하지 않고 오랜 시간 집중하지 못하는 아이들이 많아 발표 자료를 만드는 3시간 동안 아이들의 활동 모습뿐만 아니라 발표 자료의 내용에 대해 교사의 지속적인 피드백은 필수적이다. 또 필자는 3시간 안에 발표 자료를 완성하지 못해 담임 선생님들의 협조를 얻었는데, 1시간을 추가하여 총 4시간을 준다면 충분할 것 같다.

20차시에는 모둠별로 세시 풍속 한마당 발표 자료를 모두 제작한 후 세시 풍속 한마당을 위한 리허설을 실시했다. 특히 체험 코너 운영을 연습하기 위해 체험 코너 준비물을 모둠별로 챙겨 와서 실제로 할 수 있도록 했다. 모둠별로 1팀과 2팀으로 나누어 1팀과 2팀이 돌아가며 설명 코너 발표, 체험 코너 발표, 체험 코너 운영을 연습해 보면서 세시 풍속 한마당을 위한 최종 점검을 했다.

진천 세시 풍속 한마당 개최하기(3차시)

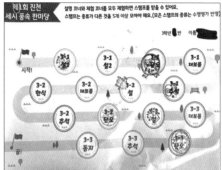

진천 세시 풍속 한마당

드디어 학교 강당에서 제1회 진천 세시 풍속 한마당을 개최했다. 이날은 일찍 출근해서 반별로 모둠 부스의 자리를 잡아 주고 발표 자료, 체험 준비물을 미리 가져다 두었다. 21차시에는 팀별로 부스를 설치하고 발표 자료를 정리하며 체험 코너를 연습하면서 마지막 최종 점검을 했다. 22~23차시에는 1팀과 2팀이 모두 발표도 하고 체험도 할 수 있도록 1시간씩 나누어서 세시 풍속 한마당을 본격적으로 운영했다.

세시 풍속 한마당을 개최한다고 학교 메신저로 미리 안내한 덕분에 다른 학년에서도 많이 참여해 주었다. 처음에는 다른 학년이 오면 3학년 아이들이 제대로 활동하지 못할까 봐 걱정했다. 하지만 실제로 진행해 보니 3학년만 있을 때는 빈 부스가 여러 개 생겨 오히려 썰렁한 느낌이 들었고, 3학년 아이들도 자기 부스에 아무도 없다고 투정했다. 이때 다른 학년이 참여하면서 빈 부스가 없어지고 기다리는 아이들도 생겨 활기찬 세시 풍속 한마당이 되었던 것 같다. 특히 줄다리기, 씨름, 딱지치기, 제기차기의 활동적인 체험 코너뿐만 아니라 부채 만들기, 소원 빌기, 부럼 깨기 등 다양한 체험 코너가 성황리에 운영되었다.

3학년 아이들에게는 개별로 세시 풍속 한마당 스탬프 학습지를 나누어 주어 설명 코너와 체험 코너를 다 완료하면 해당 부스 마크에 스탬프를 받을 수 있도록 했다(스탬프 학습지는 2022년 4학년 선생님들의 박람회 스탬프 학습지를 수정하여 제작했다).

프로젝트 닫기(1차시)

차시	활동 및 내용	교과 및 시수
24/24	ㅇ프로젝트 되돌아보기 ㅇ프로젝트 성찰 일지 쓰기	국어1

24차시 '프로젝트 닫기'에서는 그동안 진행한 프로젝트를 같이 되돌아본 후 성찰 일지를 작성했다. 성찰 일지에는 프로젝트 수업에서 자기가 가장 잘했다고 생각되는 활동, 가장 재미있었거나 의미 있었던 활동, 가장 재미없었거나 힘들었던 활동 등 프로젝트 수업 활동에 대한 의견을 적도록 하여 프로젝트 수업 평가를 점수로 매겨 보도록 했다. 또 프로젝트 수업으로 알게 된 점, 느낀 점 그리고 좀 더 좋은 수업을 하고 싶은 선생님에게 수업에 대한 의견을 적어 달라고 했다. 성찰 일지를 다 완성한 후에는 시간이 허락하는 내에서 작성한 성찰 일지를 발표하고 공유했다.

프로젝트 돌아보기

    3학년 2학기 2단원 '시대마다 다른 삶의 모습'을 프로젝트로 구상할 때 첫 번째 주제인 생활 모습과 두 번째 주제인 세시 풍속을 함께 묶을지 따로 할지 많이 고민했었다. 생활 모습과 세시 풍속은 같이 묶을 수 있는 주제 같지만 수업 내용을 살펴보면 그 결이 조금 다름을 알 수 있다. 필자도 처음에는 생활 모습과 세시 풍속을 따로 해서 두 프로젝트로 짰다가 마지막에 호모 파베르와 호모 루덴스라는 활동 주제를 사용하면서 하나의 프로젝트로 완성했다. 함께 묶어서 하나의 프로젝트로 구성하는 것이 좋을지, 따로 나누어서 두 프로젝트로 구성할지는 선생님 생각에 따라 다르지 않을까 한다.

    〈우리는 꼬마 시간 탐험대〉는 필자가 실천한 프로젝트 수업 중 스스로 가장 많이 반성한 프로젝트다. 그 이유는 사회 한 단원과 국어 한 단원을 통합하여 프로젝트를 계획했지만 실제 수업은 거의 사회 교과 중심으로 했고 국어 교과 내용은 제대로 다루지 못했기 때문이다. 프로젝트를 구성하는 모든 교과가 각자 자리를 확실히 차지하면서 하나로 통합되는 질 좋은 프로젝트 수업을 위해 좀 더 노력해야겠다는 다짐과 반성을 하게 한 프로젝트다.

    호모 파베르와 호모 루덴스라는 용어를 사용하는 것이 3학년 수준에 맞지 않다고 이야기하는 선생님도 있었다. 그렇다면 호모 파베르와 호모 루덴스라는 용어는 과연 몇 학년에 맞는 용어일까? 용어는 해석하는 사람의 수준에 따라 그 의미가 달라지는 것이므로 그 용어를 사용하기에 적합한 학년이 따로 존재하는 것은 아니라고 생각한다. 3학년은 3학년 수준에서, 교사는 교사 수준에서, 학자는 학자 수준에서 그 용어의 의미를 이해하는 것이지 않을까? 실제로 6학년 한 아이는 3학년인 자기 동생이 호모 파베르의 뜻을 가르쳐 주지 않는다고 필자에게 와서 투덜거렸는데, 필자는 3학년 동생에게 물어보라고 웃으며 돌려보냈다.

〈제1회 진천 세시 풍속 한마당 체험 코너 및 준비물〉

	세시 풍속	체험 코너	준비물
3-1	설1	윷놀이	윷
	설2	딱지치기	딱지
	단오	씨름	매트 2개
	대보름	정월 대보름 음식 만들기	아이클레이
	추석	줄다리기	줄, 장갑
3-2	설	팽이치기	팽이 5개
	대보름	소원 빌기	표지판, 포스트잇
	한식	성묘	클레이
	추석	송편 빚기	클레이
	단오	부채 만들기	부채
3-3	설	제기차기	제기 5개
	대보름	부럼 깨기	호두, 땅콩, 오트밀
	단오	부채 만들기	색종이+부채
	추석	강강술래	
	동지	새알심 만들기	아이클레이

〈우리는 꼬마 시간 탐험대〉 프로젝트는 2022년에 계획하여 실천하고 기록한 프로젝트다.

2부

4학년 사회 프로젝트
수업 이야기

00

'어떻게 4학년 사회 프로젝트 수업을 실천했을까'가 궁금하다면?

2부는 그동안 실천했던 4학년 사회 프로젝트 수업 계획과 실천 결과들을 정리한 것이다. 〈ON & OFF 지도 속 대구 이야기〉, 〈제1회 진천 대구 역사 박람회〉는 2021년, 〈제안하라, 원더풀 대구〉는 2022년에 계획하고 실천한 프로젝트다.

학기	프로젝트	과목	차시	관련 사회 단원
1	ON & OFF 지도 속 대구 이야기	사회	15	1단원 지역의 위치와 특성
	제1회 진천 대구 역사 박람회	사회	15	2단원 우리가 알아보는 지역의 역사
	제안하라, 원더풀 대구	사회, 국어	23	3단원 지역의 공공 기관과 주민 참여

4학년 사회는 '지역'을 범위로 하는데 필자가 있는 진천초등학교는 대구광역시에 있어 대부분의 자료가 대구를 다룬다. 선생님들께서 수업을 하기 위해서는

필자의 자료를 아이들이 사는 지역에 맞게 수정해야 할 것이다.

이 책에 담지 못한 4학년 사회 단원, 해당 단원의 수업 아이디어를 정리하면 다음과 같다.

학기	단원	수업 아이디어
2	1단원 촌락과 도시의 생활 모습	· 촌락 & 도시 상생 Tour : 촌락 팀, 도시 팀 조사 및 교류 · 제주도 탐방 프로젝트 : 과학 4단원과 연계하여 구성
	2단원 필요한 것의 생산과 교환	· 시장 놀이(만 원의 행복, 초등학생 부자되기 클럽)
	3단원 사회 변화와 문화의 다양성	· 1주제 : 진천 AI 프로젝트 · 2주제 : 다문화 프로젝트 – 도덕 6단원과 연계하여 구성

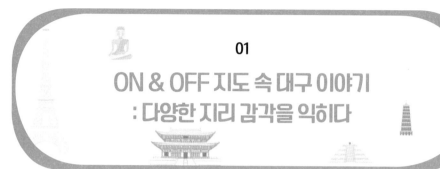

01

ON & OFF 지도 속 대구 이야기
: 다양한 지리 감각을 익히다

프로젝트 설계하기

⟨ON & OFF 지도 속 대구 이야기⟩ 프로젝트는?

현실을 축소, 평면화, 기호화하여 공간을 표현한 것이 지도다. 대부분의 교사가 지도라고 하면 종이에 인쇄된 평면 지도를 떠올릴 것이다. 하지만 태어날 때부터 스마트폰과 더불어 살아가는 우리 아이들에게 지도란 무엇을 지칭하며 어떤 의미를 지닐까?

인쇄된 평면 지도 학습으로 전체 지리를 조망할 뿐만 아니라 웹 지도의 다양한 기능을 능숙하게 다루는 경험을 하면서 개별화된 지리 감각을 동시에 얻는 것이 스마트 세대인 우리 아이들에게는 필수라고 생각했다. 이에 따라 ON 지도(웹 지도)와 OFF 지도(인쇄된 평면 지도)를 다양하게 활용하여 우리 지역의 중심지를 찾아보는 활동을 한다. 또 이것으로 우리 지역을 전체적으로 조망하고 개별화된 지리 감각을 동시에 기르며 지역을 공간적으로 이해할 수 있도록 한다.

이처럼 〈ON & OFF 지도 속 대구 이야기〉는 ON 지도와 OFF 지도를 활용하여 대구의 중심지를 찾아보는 활동을 하면서 다양한 지리 감각을 기르는 프로젝트다.

프로젝트 수업 한눈에 보기

활동 주제	탐구 질문	활동 및 내용	교과	시수
프로젝트 열기		○3학년 지도 관련 내용 복습하기 ·심상 지도 그리기 ·다양한 디지털 영상 지도(웹 지도) 살펴보기 ○프로젝트 안내하기		2
알.쓸.신.지 (알아두면 쓸데있는 신비한 지도)	지도란 무엇일까?	○지도 만드는 이유, 지도의 역사와 종류 알아보기 ○지도가 무엇인지 정의 내리기		1
우리는 ON & OFF 지도 전문가	어떻게 지도를 바르게 읽고 적절하게 사용할 것인가?	○우리는 OFF 지도 전문가 · 대구 지도로 지도의 기본 요소 알아보기 · 대구 지도로 고장과 지역의 여러 장소 찾아보기 ○우리는 ON 지도 전문가 · 네이버 지도, 카카오 지도 사용하기 – 기본 기능, 길찾기, 실제뷰 등 사용하기 · 우리는 구글 어스 전문가	사회	7
우리들의 대구 중심지 지도 만들기	어떻게 대구의 중심지를 표시한 지도를 만들 것인가?	○대구 중심지 조사하기 · 대구의 중심지 조사 및 특성 정리하기 ○우리들의 대구 중심지 지도 만들기 · 중심지 지도 만들기 · 우리들의 대구 중심지 지도 발표하기		4
프로젝트 닫기		○프로젝트 되돌아보기 ○프로젝트 성찰 일지 쓰기		1

교과서 관련 단원 및 시수

교과	단원	시수
사회	1. 지역의 위치와 특성	15
계		15

평가

순	교과	성취 기준	평가 문항	평가 방법
1	사회	[4사03-01] 지도의 기본 요소에 대한 이해를 바탕으로 하여 우리 지역 지도에 나타난 지리 정보를 실제 생활에 활용한다.	지도의 기본 요소를 이해하고 ON & OFF 지도를 활용하는가?	전문가 활동 관찰, 인증시험
2		[4사03-02] 고장 사람들의 생활과 밀접하게 관련이 있는 지역의 다양한 중심지(행정, 교통, 상업, 산업, 관광 등)를 조사하고, 각 중심지의 위치, 기능, 경관의 특성을 탐색한다.	다양한 중심지의 위치, 기능, 경관의 특성을 조사·정리하여 우리들의 대구 중심지 지도를 만드는가?	중심지 지도 제작 결과물

프로젝트 실천하기

프로젝트 열기(2차시)

차시	활동 및 내용	교과 및 시수
1-2/15	○3학년 지도 관련 내용 복습하기 · 심상 지도 그리기(1) · 다양한 디지털 영상 지도(웹 지도) 살펴보기(1) ○프로젝트 안내하기	사회2

〈ON & OFF 지도 속 대구 이야기〉 프로젝트는 다른 프로젝트와는 다르게 3학년 지도 관련 내용을 복습하는 것으로 프로젝트 열기를 했다. 2021년도 4학년은 2020년 코로나 팬데믹 때 3학년이 된 학년으로 3학년 1학기 '1단원 우리 고장의 모습'을 원격 학습 초기에 배웠다. 그래서 3학년 지도 관련 내용을 다시 떠올려 보면서 4학년 지도 내용으로 연결하는 것이 다른 도입 활동보다 좋을 것으로 생각했다.

1차시에는 자기가 아는 우리 동네의 여러 장소를 발표한 후 학교를 중심으로 우리 동네 심상 지도를 그려 보고 지도가 왜 필요한지 이야기했다.

2차시에는 디지털 영상 지도의 뜻과 종류를 설명했는데, 디지털 영상 지도의 종류는 교과서에 나오는 국토정보맵과 함께 카카오 지도, 네이버 지도, 구글 지도 등 다양한 웹 지도를 소개해 주었다. 이어 태블릿을 활용하여 우리 동네의 다양한 장소를 찾고 주변을 살펴보았다. 이후 '이제 3학년 지도 관련 내용을 마쳤는데 다음 시간부터 우리 4학년들이 지도를 더 공부해서 지도 전문가가 되면 어떨까?'라고 하며 〈ON & OFF 지도 속 대구 이야기〉 프로젝트를 해 보자고 했다. 아이들의 열렬한 호응 속에서 프로젝트의 세 가지 활동 주제를 소개하며 수업을 마무리했다.

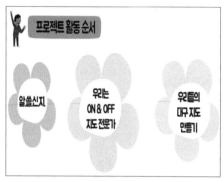

프로젝트 활동 주제

알.쓸.신.지 퀴즈

알.쓸.신.지(1차시)

탐구 질문	차시	활동 및 내용	교과 및 시수
지도란 무엇일까?	3/15	○지도를 만드는 이유, 지도의 역사와 종류 알아보기 ○지도가 무엇인지 정의 내리기	사회1

3차시 '알아두면 쓸데있는 신기한 지도 이야기(알.쓸.신.지)'는 앞 시간에 그린 심상 지도를 보여 주면서 '다른 사람들이 이 지도를 보고 길을 찾아갈 수 있을까?'라는 질문을 함으로써 지도가 필요한 이유를 먼저 설명했다. 이어 다양한 고지도, OFF 지도(평면 지도), ON 지도(웹 지도)를 보여 주면서 지도의 역사와 종류를 이야기해 주었고 마지막에는 수업 시작 전에 미리 안내한 알.쓸.신.지 퀴즈(5문제)로 수업

한 내용을 얼마나 기억하고 있는지 확인했다. 마지막 문제는 '지도가 무엇이라고 생각하는지 써 볼까요?'였는데 대부분 장소를 알려 주는 것, 모르는 길을 찾아 주는 것이 나왔고 사람들이 편리하게 이동하는 수단, 문명사회에서 필요한 것 등 대답들도 나왔다.

우리는 ON & OFF 지도 전문가(7차시)

탐구 질문	차시	활동 및 내용	교과 및 시수
어떻게 지도를 바르게 읽고 적절하게 사용할 것인가?	4-10/15	○우리는 OFF 지도 전문가 ★평가1 · 대구 지도로 지도의 기본 요소 알아보기(2.5) 　– 방위표, 기호, 범례, 축척, 등고선 알아보기 · 대구 지도로 고장과 지역의 여러 장소 찾아보기(0.5) ○우리는 ON 지도 전문가 ★평가1 · 네이버 지도, 카카오 지도 사용하기(3) 　– 기본 기능, 길찾기, 실제뷰 등 사용하기 　– 우리 지역(달서구, 대구)의 여러 장소 찾아보기 · 우리는 구글 어스 전문가(1) 　– 검색, 거리 측정 등 기능 알고 사용하기	사회7

우리는 OFF 지도 전문가(3차시)

지도의 기본 요소 찾기

축척 계산하기

4~6차시 '우리는 OFF 지도 전문가'는 지도의 네 가지 요소인 방위, 기호와 범례, 축척, 등고선을 교과서가 아니라 대형 대구 지도를 활용하는 것으로 계획했는데 자기 키보다 큰 지도를 받아 가는 것만으로도 아이들은 엄청 신나 했다.

4차시는 모둠 친구들과 함께 보드마카를 하나씩 들고 지도를 둘러싸고 엎드려서 대구의 경계선과 달서구의 경계선을 따라 그리는 것으로 시작했다. 이어 대구 지도에서 찍은 지도의 네 가지 요소 사진을 순서대로 보여 주면서 지도에서 직접 찾아보고 각 요소의 이름을 확인했다. 이후 방위, 기호와 범례, 축척, 등고선을 자세하게 설명했고 설명한 지도의 네 가지 요소는 교과서가 아니라 대구 지도를 활용하여 실제적으로 익히는 활동을 했다.

'방위'는 한 장소를 기준으로 다른 장소들이 어느 방위에 있는지 맞추는 방위 게임의 방법을 설명한 후 모둠별로 대구 지도를 활용하여 게임을 했고, '기호와 범례'는 달서구에 있는 학교와 우체국을 모두 찾아 보드마카로 표시하도록 하며 수업을 마무리했다.

5~6차시는 먼저 지난 시간에 공부한 지도의 네 가지 요소를 간단하게 설명한 후 한 번 더 대구 지도에 대구와 달서구의 경계선을 따라 그렸다. 이어 우리 학교(진천초)를 기준으로 각 방위에 있는 장소를 확인하고 달서구에 표시된 우체국을 다 찾아보도록 하면서 지난 시간에 공부한 방위와 기호, 범례를 복습했다.

'축척'은 대구 지도에서 두 장소 사이의 실제 거리를 계산하도록 했는데 먼저 축척 의미와 실제 거리를 계산하는 방법을 웹 지도로 설명했다. 이어 우리가 사용하는 대구 지도의 축척은 '3cm=1km'라고 안내하고 예시 문항을 제시하여 실제 거리를 구하는 방법을 설명했다. 이후 우리 학교에서 앞산까지 거리 등 2문제 정도를 제시하여 모둠별로 실제 거리를 구하도록 했고, '등고선'은 대구 지도가 아닌 교과서에 있는 등고선 모형 만들기를 활용했다(★평가1). 마지막으로 대구 대형 지도에서 달서구의 장소 5개, 대구의 장소 6개를 찾는 활동을 한 후 OFF 지도 전문가 인증시험(5문제)으로 지도의 네 가지 요소를 다시 한 번 확인하면서 수업을 마무리했다(★평가1).

우리는 ON 지도 전문가(4차시)

ON 지도 기본 기능 익히기 학습지

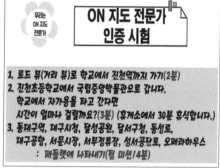

ON 지도 전문가 인증시험

7차시는 지난 시간에 보았던 OFF 지도 전문가 인증시험의 문항을 화면으로 다시 한 번 확인하면서 시작했다. 이어 '우리는 ON 지도 전문가'를 본격적으로 시작하기 위해 모둠별로 원하는 ON 지도를 선택하게 했는데, 카카오 지도와 네이버 지도가 반반 정도였다(구글 지도는 제한된 기능밖에 활용할 수 없어서 선택에서 제외했다).

본격적인 '우리는 ON 지도 전문가' 활동은 모둠에서 선택한 ON 지도에서 지도의 네 가지 기본 요소 찾기로 시작했으며, ON 지도의 가장 큰 특징 중 하나로 축척을 조정할 수 있는 확대, 축소 기능을 강조했다. 이어 ON 지도의 다양한 기본 기능을 화면으로 설명한 후 '기본 기능 익히기 학습지'를 나누어 주었다. 팀별로 모여서 기본 기능을 충분히 익힐 수 있는 시간을 준 후 ON 지도 전문가 인증시험을 대비하여 몇 가지 기본 기능 문제를 해결하도록 했다.

8~9차시는 지난 시간에 했던 예비시험을 복습하고 ON 지도에서 지도의 기본 요소를 찾아보는 것으로 시작했다. 지난 시간에 이어 팀별로 ON 지도의 기본 기능을 확인하고 연습하는 시간을 준 후 ON 지도의 가장 중요한 기능 중 하나인 길찾기 기능 시범을 보여 주면서 설명했다(카카오 지도와 네이버 지도의 메뉴 위치와 이름이 조금씩 달라서 둘 다 시범을 보여 주었다). 먼저 개별로 길찾기 기능을 연습할 수 있도록 시간을 주었고 안 되는 아이들은 다시 설명과 시범을 보여 주었다. 이어 모둠별로 서로 돌아가면서 문제를 내고 길을 찾아보도록 한 후 필자가 제시한 2문제를 해결해 보도록 했다(★평가1). 마지막으로 대구에서 자기가 가고 싶은 장소 5개를 지도에 등록하도록 했다. 그런데 카카오 지도는 다음에, 네이버 지도는 네이버에 로그인해야 가능했고, 다음이나 네이버 계정이 없는 아이들이 많아서 어쩔 수 없이 패들렛에 있는 지도 서식을 활용하여 자기가 가고 싶은 장소를 등록하도록 했다. 필자가 수업 전에 장소 등록 기능을 확인할 때는 필자 계정이 자동 로그인되어 있어서 가능했던 것이다.

10차시 '우리는 구글 어스 전문가'는 ON 지도 전문가 인증시험을 보는 것으로 시작했다(★평가1). 이어 구글 어스의 기본 기능을 화면으로 설명한 후 학습지를 나누어 주고 팀별로 익혀 보도록 했다. 마지막으로 구글 어스의 다양한 기능으로 여러 장소를 살펴보면서 수업을 마무리했다.

우리들의 대구 중심지 지도 만들기(4차시)

탐구 질문	차시	활동 및 내용	교과 및 시수
어떻게 대구의 중심지를 표시한 지도를 만들 것인가?	11~14/15	○대구 중심지 조사하기 ·중심지가 무엇인지 알아보기(0.5) ·대구의 중심지 조사하기(1.5) 　– 모둠 내에서 자기가 조사할 중심지 항목 정하기 　(행정, 교통, 상업, 산업, 관광 중) 　– 자기가 맡은 대구의 중심지 조사 및 특성 정리하기 ○우리들의 대구 중심지 지도 만들기 ·중심지 지도 만들기(1.5) ★평가2 　– ON 지도로 대구 중심지 지도 만들기 　– OFF 지도로 대구 중심지 만들기 ·우리들의 대구 중심지 지도 발표하기(0.5)	사회4

대구 중심지 조사하기(2차시)

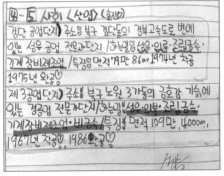

자기가 맡은 중심지 조사하기

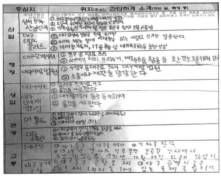

대구 중심지 조사하기 학습지

　11~12차시 '대구 중심지 조사하기'는 중심지 뜻을 설명한 후 자기가 가 본 적이 있는 중심지를 허니콤 보드에 써서 칠판에 붙이도록 하면서 시작했다. 이어 산

업, 행정, 상업, 관광, 교통 등 다섯 가지 중심지 종류를 설명한 후 아이들이 붙인 허니콤 보드를 이에 따라 분류했다. 아이들이 가 본 중심지는 시장이나 이마트의 상업 중심지가 가장 많았고 지하철역과 기차역의 교통 중심지, 학교, 행정복지센터 같은 행정 중심지도 나왔지만 산업 중심지는 하나도 나오지 않았다.

이후 본격적으로 모둠별 중심지 조사하기를 진행했는데 먼저 모둠 내에서 다섯 가지 중심지 중에서 자기가 조사할 중심지를 정하도록 했다. 이어 자기가 맡은 중심지를 태블릿으로 조사하고 공책에 정리하여 검사를 받도록 했는데, 산업 중심지를 선택한 아이들이 중심지 찾는 것을 힘들어 해서 대구에 있는 공업 단지나 산업 단지 등으로 힌트를 주면서 중심지를 찾게 했다. 중심지를 조사할 때는 위치(주소), 하는 일, 알려 주고 싶은 특징을 적도록 했으며 검사를 통과한 사람은 '대구 중심지 조사하기 학습지'에 깨끗하게 정리하도록 했다.

우리들의 대구 중심지 지도 만들기(2차시)

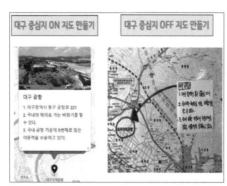

중심지 지도 만드는 방법 안내하기

중심지 지도 발표하기

13~14차시는 지난 시간에 정리한 '대구 중심지 조사하기 학습지' 내용을 ON 지도(패들렛 지도 활용)나 OFF 지도(대구 지도＋포스트잇 활용)에 나타내어 우리들의 대구 중심지 지도를 만드는 시간이었다. ON 지도로 만드는 방법과 OFF 지도로 만드는 방법을 설명한 후 모둠에서 하나를 선택하여 중심지 지도를 만들게 했는데, 반마다 다섯 모둠 중 네 모둠 정도가 ON 지도로 만드는 것을 선택했다. 중심지 지도를 다 만든 모둠은 교사의 검사를 받은 후(★평가2) 중심지 지도 발표를 연습할 수 있는 시간을 주었다. 마지막으로 아이들이 만든 우리들의 대구 중심지 지도를 발표하며 수업을 마무리했다.

프로젝트 닫기(1차시)

차시	활동 및 내용	교과 및 시수
15/15	○프로젝트 되돌아보기 ○프로젝트 성찰 일지 쓰기	사회1

프로젝트 되돌아보기

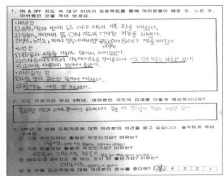

프로젝트 성찰 일지

'프로젝트 닫기'에서는 먼저 14차시까지 진행했던 프로젝트의 활동과 내용을 정리한 PPT를 함께 보는 '프로젝트 되돌아보기'를 했다. 정리한 PPT에서 자기 반 사진이 나올 때마다 환호하는 아이들 목소리가 커졌다. 성찰 일지에는 프로젝트를 하면서 배운 것, 느낀 것, 아쉬웠던 것과 자기가 생각하는 지도의 미래와 4학년 첫 프로젝트 수업에 대한 의견을 쓰게 했다. 이후 반마다 시간이 허락하는 범위 내에서 작성한 성찰 일지를 공유하면서 프로젝트를 마무리했다.

STEP3 프로젝트 돌아보기

4학년 1학기 사회 1단원에는 원래 ON 지도와 관련된 내용이 없다. 하지만 필자는 이 프로젝트에서 ON 지도 내용을 OFF 지도 내용과 거의 같은 비중으로 다루었는데, 그것은 스마트폰과 더불어 살아가는 현재의 우리 생활 현실을 수업에 반영해야 한다고 생각했기 때문이다. 그렇다고 해서 이제 OFF 지도는 쓸모없고 OFF 지도를 지도할 필요가 없다고 말하는 것은 절대 아니다. 다만 지금 아이들은 OFF 지도 학습으로 전체 지리에 대한 조망력과 함께 ON 지도 학습으로 개별화된 지리 감각을 기르는 것이 꼭 필요하다. 3학년 〈지도로 보는 우리 고장 이야기〉에서 했던 질문을 다시 하고 싶다.

선생님들은 ON 지도와 OFF 지도를 어떤 비율로,

어느 정도까지 가르치는 것이 좋다고 생각하나요?

본 프로젝트에서 사용하는 'ON 지도', 'OFF 지도'는 필자가 본 프로젝트 수업을 위해 임의로 사용하는 용어다. 교육과정이나 교과서에는 나오지 않으며 학문적인 용어도 아니니 더 적합하고 교육적으로 적절한 용어가 있다면 그것을 사용하면 좋을 것이다.

〈ON & OFF 지도 속 대구 이야기〉 프로젝트는 필자가 수석교사가 되고 나서 수업한 첫 프로젝트였다. 첫 프로젝트 수업이라는 부푼 마음으로 15차시의 프로젝트 전 수업을 촬영했고, 2021년 첫 번째 수석교사 공개 수업도 이 프로젝트의 4차시인 '지도의 기본 요소 알아보기'로 했다(2021년 수석교사 공개 수업은 코로나 때문에 수업 동영상을 온라인에 탑재하고 ZOOM으로 협의회를 진행했다). 또 필자가 참여하고 있는 참좋은연구회에서 2021년 상반기에 진행했던 수업 비평도 이 프로젝트 4차시 수업을 대상으로 했다.

촬영해 두었던 수업을 다시 보면서 부족하고 미숙한 면이 많이 느껴졌지만 필자에게는 첫 번째 수석교사 프로젝트 수업, 첫 번째 수석교사 대외 공개 수업, 첫 번째 수업 비평 대상 수업이라는 타이틀로 오랫동안 기억에 남을 것 같다.

〈ON & OFF 지도 속 대구 이야기〉 프로젝트는 2021년에 계획하여 실천하고 기록한 프로젝트다.

02

제1회 진천 대구 역사 박람회
: 우리들이 소개하는 대구 역사

STEP1 ## 프로젝트 설계하기

〈제1회 진천 대구 역사 박람회〉 프로젝트는?

우리는 대구의 문화유산과 역사적 인물을 얼마나 알고 있을까? 사실 우리나라의 문화유산과 역사 인물에 대한 관심이 많지 않은 것이 현실이다. 이런 상황에서 우리 아이들에게 대구의 문화유산과 역사 인물을 좀 더 재미있게, 오랫동안 기억될 수 있도록 가르칠 수는 없을까?

유홍준은 '역사는 문화유산과 함께 기억해야 명확한 이미지를 갖게 된다'고 했고, 최태성은 '역사는 사람을 만나는 인문학으로 인물과 대화를 바탕으로 해야 한다'고 했다. 이를 바탕으로 문화유산과 역사 인물을 결합하여 역사를 가르친다면 좀 더 재미있고 오래 기억되는 역사 수업을 할 수 있을 것이라고 생각했다. 대구의 여러 역사 인물에 대한 설명을 들은 후 한 인물을 선택하여 그 '인물'과 그와 관련된 '문화유산'을 조사하는 활동을 하고, 이를 바탕으로 대구 역사 박람회를 개최하여 우리 지역의 역사를 이해할 수 있도록 하고자 한다.

이처럼 〈제1회 진천 대구 역사 박람회〉는 대구의 역사 인물과 그 인물과 관련된 문화유산을 함께 탐구하고 박람회로 소개하는 활동을 함으로써 대구를 사랑하는 마음을 기르고 역사를 이해할 수 있는 프로젝트다.

프로젝트 수업 한눈에 보기

활동 주제	탐구 질문	활동 및 내용	교과	시수
프로젝트 열기		○교사 인터뷰 동영상 보며 동기 유발하기 ○프로젝트 안내하기		1
인물의 발견	대구의 대표적인 역사 인물은 누구인가?	○인물을 발견하라 · 대구의 대표 역사 인물 선정하기 · 선정한 대구의 대표 역사 인물 조사하기 · 역사 인물과 대화하기	사회	4
문화유산의 발견	역사 인물과 관련된 문화유산에는 무엇이 있는가?	○역사 인물과 관련된 문화유산을 발견하라 · 역사 인물과 관련된 문화유산 알아보기 · 문화유산 조사 및 정리하기		3
제1회 진천 대구 역사 박람회	대구의 역사 인물과 문화유산을 어떻게 소개할 것인가?	○역사 박람회 준비하기 · 박람회 발표 자료 제작하기 · 박람회 리허설하기 ○제1회 진천 대구 역사 박람회 개최하기		6
프로젝트 닫기		○프로젝트 되돌아보기 ○프로젝트 성찰 일지 쓰기		1

교과서 관련 단원 및 시수

교과	단원	시수
사회	2. 우리가 알아보는 지역의 역사	15
	계	15

평가

순	교과	성취 기준	평가 문항	평가 방법
1	사회	[4사03-03] 우리 지역을 대표하는 유·무형의 문화유산을 알아보고, 지역의 문화유산을 소중히 여기는 태도를 갖는다.	대구의 문화유산을 조사·정리하여 역사 박람회에서 소개하는가?	학습지 결과물, 박람회 발표 자료, 박람회 발표 장면 관찰
2		[4사03-04] 우리 지역과 관련된 역사적 인물의 삶을 알아보고, 지역 역사에 자부심을 갖는다.	대구 역사 인물의 삶을 조사·정리하여 역사 박람회에서 소개하는가?	

프로젝트 실천하기

프로젝트 열기(1차시)

차시	활동 및 내용	교과 및 시수
1/15	○교사 인터뷰 동영상 보며 동기 유발하기 ○프로젝트 안내하기	사회1

〈제1회 진천 대구 역사 박람회〉 프로젝트는 자기가 알고 있는 대구 역사 인물과 문화유산을 물어보는 '대구 역사 얼마나 알고 있나요?'로 시작했다. 대부분의 반에서 역사 인물은 한두 명, 문화유산은 2~3개 정도밖에 대답하지 못해서 '너희들 너무 무식한 것 아니냐?'며 도발한 후 그럼 선생님들은 얼마나 알고 있는지 알아보자며 수업 전에 미리 준비한 교사 인터뷰 동영상을 보여 주었다. 교사 인터뷰는 4학년 담임 선생님과 교과 선생님을 사전 예고 없이 찾아가 대구 역사 인물과 문화유산을 질문한 것인데 선생님들도 아이들과 비슷한 개수밖에는 대답하지 못했다. 선생님들의 대답 수준이 자기들과 비슷하다고 느끼자 아이들 공부 사기가 갑자기 올라가는 것을 느꼈다.

이런 분위기에 편승하여 '이렇게 학생도 모르고 선생님도 모르는 대구의 인물과 문화유산을 우리가 잘 정리해서 알려 주면 어떨까?'라고 하면서 우리 함께 〈제1회 진천 대구 역사 박람회〉 프로젝트를 해 보자고 했다. 인물의 발견, 문화유산의 발견, 제1회 진천 대구 역사 박람회로 이어지는 세 가지 활동 주제를 안내하면서 프로젝트 열기를 마무리했다.

인물의 발견(4차시)

탐구 질문	차시	활동 및 내용	교과 및 시수

대구의 대표적인 역사 인물은 누구인가?	2–5/15	○인물을 발견하라
		· 대구의 대표 역사 인물 선정하기(1)
		  – 대구 역사 인물 소개하기
		  – 모둠별 조사할 대구의 인물 선정하기
		· 선정한 대구의 대표 역사 인물 조사하기(2) ★평가2
		· 역사 인물과 대화하기(1)
			사회4

대구 역사 인물 소개하기

인물	차시		인물	차시	
선덕여왕	4-1-2	4-4-4	김충선	4-3-4	4-4-3
신숭겸	4-1-1 / 4-3-2	4-2-3	두사충	4-4-2	
왕건	4-2-1		서상돈	4-2-5	
김굉필	4-2-4	4-3-3	이상화	4-1-5	4-2-2
곽재우	4-3-1	4-4-5	이육사	4-1-4	
우배선	4-3-5		이병철	4-1-3	

모둠별로 선택한 대구의 인물

2차시는 '대구 역사 인물 소개하기'로 시작했는데 대구와 관련 있는 인물 중 아이들에게 소개할 만한 인물을 선정하고 간단하게 정리한 것을 설명해 주었다. 사실 필자도 대구 역사 인물을 잘 몰랐는데 소개 자료를 준비하면서 많은 공부를 할 수 있었다.

모둠별로 대구 대표 인물을 선정하기 위해 먼저 '대구 역사 인물 소개하기' PPT를 인쇄하여 나누어 주면서(필자는 6슬라이드 가로, 양면으로 인쇄) 개인별로 소개하고 싶은 인물을 선택하고 그 이유를 간단하게 쓴 후 모둠에서 발표하도록 했다. 이어 모둠끼리 협의하여 모둠에서 소개하고 싶은 대구 인물 두 명을 1순위, 2순위로 정하도록 했다. 인물 선정은 모둠의 1순위 인물을 먼저 배정한 후 겹치는 모둠들은 2순위로 옮기도록 했고, 또 겹치는 모둠들은 박람회 때 최대한 많은 인물이 소개될 수 있도록 선택받지 못한 두사충, 우배선, 왕건 등으로 바꾸도록 부탁했다('모둠별로 선택한 대구의 인물' 사진에 있는 4-1-2는 4학년 1반 2모둠을 나타낸다).

3~4차시는 지난 시간에 필자가 설명한 '대구 역사 인물 소개하기'를 다시 보면서 역사 인물들의 이름을 알아맞히는 것으로 시작했고, 이어 모둠에서 선정한 대구 대표 역사 인물 조사하기를 했다. 먼저 개별로 스마트 기기를 이용하여 인물을 조사하고 공책에 정리한 후 검사받도록 했다. 이후 검사를 다 받은 모둠은 개별로 조사한 내용을 모둠에서 발표하고 협의해서 '역사 인물 정리하기 학습지'에 종합하여 정리한 후 다시 검사받도록 했다(★평가2). 개별로 공책에 정리한 내용이 박람회 발표 자료의 수준을 결정한다고 생각했기 때문에 인물을 조사한 공책을 검사할 때는 꼼꼼하게 내용을 확인하여 수정할 내용, 보충할 내용을 바로 피드백해 주었다.

5차시 '역사 인물과 대화하기'는 선택한 역사 인물을 좀 더 깊이 이해하기 위해 연극의 핫시팅을 활용하여 모둠 내에서 역할을 나누어 역사 인물에게 궁금한 점을 물어보고 대답하려고 했다. 하지만 인물을 조사하고 정리하는 데 시간이 많이 걸려 15분 정도의 시간밖에 남지 않아 제대로 진행할 수 없었다. 1차시를 늘려 16차시로 계획하여 제대로 활동하거나 아니면 이 활동을 빼고 인물 조사하기에 시간을 더 주는 것이 좋을 것 같다.

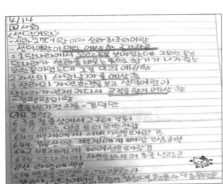

역사 인물 조사하기 – 개별

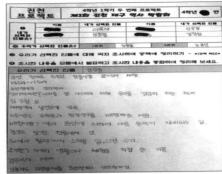

역사 인물 정리하기 – 모둠

문화유산의 발견(3차시)

탐구 질문	차시	활동 및 내용	교과 및 시수
역사 인물과 관련된 문화유산에는 무엇이 있는가?	6-8/15	○역사 인물과 관련된 문화유산을 발견하라 · 역사 인물과 관련된 문화유산 알아보기(1) · 문화유산 조사 및 정리하기(2) ★평가1 – 대구에 있는 문화유산 조사하고 정리하기	사회3

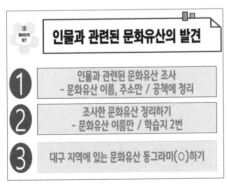

역사 인물과 관련된 문화유산 찾기

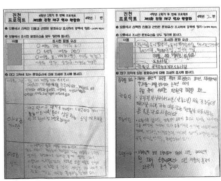

문화유산 조사하기 학습지

'문화유산의 발견' 수업에서는 '인물의 발견'에서 설명했던 '대구 역사 인물 소개하기' 자료를 수업을 시작할 때마다 보면서 대구의 역사 인물을 기억할 수 있도록 했다. 똑같은 순서로 보여 주면 아이들이 보지도 않고 대답하기 때문에 인물 순서를 바꾸기도 했다.

6차시에는 먼저 모둠이 선택한 대구 대표 인물과 관련된 문화유산을 모두 찾아 문화유산의 이름과 주소만 공책에 정리하도록 했다. 정리한 것은 개별적으로 검사받은 후 '문화유산 조사하기 학습지'에 정리하도록 했고, 이어 학습지에 정리한 문화유산 중 대구에 있는 문화유산에는 동그라미를 그리게 했다. 수업을 마친 후 모둠 학습지를 확인하면서 대구에 있는 문화유산을 많이 찾아내지 못한 모둠에는 보충할 수 있는 관련 문화유산을 포스트잇에 적어서 다음 시간에 나누어 주었다.

7~8차시는 동그라미 표시한 문화유산과 필자가 보충해 준 문화유산 중에서 자기가 조사할 문화유산을 정하는 것으로 시작했다. 조사할 문화유산이 정해지면 스마트 기기를 활용하여 공책에 조사하여 검사받은 후 '문화유산 조사하기 학습지'에 깨끗하게 정리하도록 했다(★평가1). 문화유산을 조사한 공책을 검사할 때도 인물을 조사한 공책을 검사할 때와 마찬가지로 꼼꼼하게 내용을 확인하여 바로 피드백해 주었다.

제1회 진천 대구 역사 박람회(6차시)

탐구 질문	차시	활동 및 내용	교과 및 시수
대구의 역사 인물과 문화유산을 어떻게 소개할 것인가?	9~14/15	○역사 박람회 준비하기 · 박람회 발표 자료 제작하기(3) 　– 박람회 준비 계획서 작성하기 　– 박람회 발표 자료 만들기 ★평가1,2 · 박람회 리허설하기(1) ○제1회 진천 대구 역사 박람회 개최하기 · 박람회 활동하기(2) ★평가1,2 　– 둘 가고 둘 남기로 박람회 활동하기	사회6

대구 역사 박람회 준비하기(4차시)

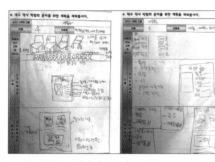

박람회 계획서 작성하기

박람회 발표 자료

　9차시는 역사 박람회를 준비하기 위해 모둠별로 박람회 준비 계획서를 작성했는데 박람회 발표 자료는 인물 학습지를 바탕으로 인물 발표 자료 하나, 문화유산 학습지를 바탕으로 문화유산 발표 자료 하나를 만들면 된다고 했다. 박람회 부스와 자료를 어떻게 배치할지, 인물과 문화유산 발표 자료를 어떻게 제작할지 모둠에서 협의하여 정리한 후 검사받도록 했다.

　10~11차시는 박람회 준비 계획서에 따라 역사 박람회 발표 자료 제작에 들어

갔는데 모둠별로 역할을 나누어 인물 발표 자료와 문화유산 발표 자료를 만들었다(★평가1,2). 발표 자료를 만드는 2시간 동안 교사는 모둠을 돌아다니면서 틀린 내용이나 글자는 없는지, 보충해야 할 중요한 내용은 없는지 등을 살피며 계속적으로 피드백해 주어야 한다. 완성된 발표 자료를 보고 오류를 지적하는 것이 아니라 만들고 있는 발표 자료를 보면서 즉각적인 피드백을 주어 오류를 수정하게 하는 것이 과정중심평가의 본질일 것이다.

12차시에는 박람회 발표 자료 제작을 모두 마친 후 박람회 리허설을 실시했다. 계획서에 따라 박람회 부스를 배치하고 인물 발표 팀과 문화유산 발표 팀으로 나누어 박람회 발표 연습 등 최종 점검을 했다.

제1회 진천 대구 역사 박람회 개최하기(2차시)

제1회 진천 대구 역사 박람회

13~14차시에는 드디어 모든 준비를 마치고 제1회 진천 대구 역사 박람회를 개최했다. 프로젝트 수업을 시작할 때는 네 반이 모두 강당에 발표 자료를 설치하고는 진짜 박람회처럼 자유롭게 돌아다니면서 발표를 듣게 하고 싶었다. 하지만 2021년 코로나 상황으로 어쩔 수 없이 두 반씩 묶어 교실에서 박람회를 진행하게

되었다.

박람회는 둘 가고 둘 남기로 진행하면서 처음 1시간은 자기 반에서 설명을 들었고 두 번째 시간에는 반을 바꾸어서 설명을 들었다(★평가1,2). 담임 선생님들도 2시간 동안 자기 반뿐만 아니라 다른 반 설명까지도 들으면서 함께해 주어 아이들이 더 좋아했다. 한 학생이 발표(자기 반 네 번, 다른 반 다섯 번)를 아홉 번이나 했는데 발표가 진행되면서 점점 발표 실력이 나아짐을 느낄 수 있었다. 다 끝난 후에는 힘들지만 뿌듯해 하는 아이들을 보면서 수업을 마무리했다.

프로젝트 닫기(1차시)

차시	활동 및 내용	교과 및 시수
15/15	ㅇ프로젝트 되돌아보기 ㅇ프로젝트 성찰 일지 쓰기	사회1

'프로젝트 닫기'에서는 그동안 진행한 프로젝트를 같이 되돌아본 후 성찰 일지를 작성했다. 성찰 일지에는 프로젝트를 하면서 알게 된 것, 느낀 것, 아쉬웠던 것과 다른 지역에 사는 사람들에게 대구의 대표 위인으로 누구를 소개하고 싶은지 쓰게 했다. 대부분의 아이가 자기 모둠에서 발표한 인물을 소개하고 싶다고 했다.

이어 프로젝트에 대한 아이들 의견을 확인했고 마지막 문항은 첫 번째 프로젝트인 'ON & OFF 지도 속 대구 이야기'와 두 번째 프로젝트인 '제1회 대구 역사 박람회' 중 어느 프로젝트가 더 재미있었는지 물어보았다. 둘 다 재미있었다는 아이들도 있었지만 역사 박람회가 더 재미있었다는 아이들이 대부분이었다. 마지막으로 작성한 성찰 일지를 발표하고 공유하면서 수업을 마무리했다.

교과 내 재구성, 짧지도 길지도 않은 15차시, 인물과 문화유산의 결합, 인터뷰 영상을 이용한 동기 유발과 박람회까지 이어진 자연스런 흐름, 아이들에게 적절한 힘듦과 적절한 재미를 준 프로젝트였다.

〈제1회 진천 대구 역사 박람회〉는 2021년 필자가 실천한 프로젝트 수업 9개 중 개인적으로 가장 좋아할 뿐만 아니라 지금까지 필자가 계획하고 실천한 프로젝트 중에서도 BEST 3 안에 드는 프로젝트다. 어렵지 않게 진행할 수 있기 때문에 많은 선생님이 한 번 실천해 보면 좋겠다는 바람이 있다.

경축! 제2회 진천 대구 역사 박람회

2022년 4학년 선생님들이 필자의 자료를 바탕으로 '제2회 진천 대구 역사 박람회' 수업을 실천했다. 더구나 코로나로 2021년에 필자는 하지 못했던 모든 반이 강당에 모인 제대로 된 박람회도 개최했다. 발표 자료뿐만 아니라 발표하는 수준도 필자가 한 수업 때보다 높아 역시 담임 선생님들이 지도할 때 더욱 알찬 수업이 된다는 것을 느낄 수 있었다. 특히 박람회를 운영할 때 만든 코너 스탬프 학습지를 활용하여 아이들이 더욱 즐겁게 활동할 수 있었다.

아쉬운 점이 있다면 제2회 박람회를 개최할 때 제1회 박람회를 했었던 5학년들을 초대하지 못한 것이다. 2023년 제3회 진천 대구 역사 박람회가 개최된다면 제1회 박람회의 6학년, 제2회 박람회의 5학년이 모두 함께할 수 있기를 꿈꾸어 본다.

〈제1회 진천 대구 역사 박람회〉 프로젝트는 2021년에 계획하여 실천하고 기록한 프로젝트다.

제안하라, 윈더풀 대구
: 사회 구성원으로 성장하다

STEP1 **프로젝트 설계하기**

〈제안하라, 윈더풀 대구〉 프로젝트는?

사람들이 함께 살아가는 사회에는 다양한 문제가 발생한다. 이런 사회 문제를 해결하고자 국가는 공공 기관을 만들며 주민들은 문제를 해결하는 과정에 참여하기도 한다. 하지만 공공 기관, 지역 사회 문제 해결, 주민 참여를 어른들 영역으로만 생각하면서 우리 아이들이 사회 구성원으로서 함께할 수 있는 부분은 현실적으로 거의 없는 실정이다.

우리 아이들이 지역 문제점을 알고 그 문제점을 해결하는 활동을 하면서 사회 일원으로 보람을 느끼고 더 좋은 사회를 만들고자 노력하는 마음을 기르는 것이 필요하다고 생각했다. 특히 지역 사회 문제를 해결하는 방안을 친구들과 함께 찾고 공공 기관에 제안하는 글을 써 보는 경험을 하면서 지역 문제 해결과 주민 참여 제도가 어른들만 필요한 것이 아님을 느낄 수 있도록 하고 싶었다.

이처럼 〈제안하라, 원더풀 대구〉 프로젝트는 지역 사회 문제를 친구들과 함께 해결하고 공공 기관에 제안하는 글을 써 보는 경험을 하면서 사회 구성원의 한 명으로 성장할 수 있도록 하는 프로젝트다.

프로젝트 수업 한눈에 보기

활동 주제	탐구 질문	활동 및 내용	교과	시수
프로젝트 열기		○우리 동네 사진 보며 동기 유발하기 ○프로젝트 안내하기	국어	1
원더풀 대구를 상상하다	해결해야 할 지역 문제와 그 해결 방안은 무엇인가?	○우리 동네의 문제를 찾아라 · 패들렛에 올라온 동네 문제 살펴보기 · 우리는 동네 문제 해결사 ○우리는 공공 기관 & 주민 참여 전문가 · 우리는 공공 기관 전문가 · 우리는 주민 참여 전문가 · 공공 기관 & 주민 참여 전문가 인증시험 ○우리 대구의 문제를 찾아라 · 공공 기관 게시판이나 평소 생활 등에서 문제 찾기 · 우리는 대구 문제 해결사 ○상상하라, 원더풀 대구 · 원더풀 대구를 위한 문제 해결 방안 제시하기	사회	10
원더풀 대구를 제안하다	나의 생각이 잘 드러나게 제안하는 글은 어떻게 쓸까?	○제안하는 글의 요모조모 · 제안하는 글에 대해 알아보기 · 문장의 짜임 알아보기 ○원더풀 대구 제안서 작성하기 · 공공 기관에 제안하는 글쓰기 ○원더풀 대구 제안 포스터 만들기 · 제안하는 글에 맞는 제안 포스터 구상하여 만들기	국어	7

원더풀 대구 제안 설명회	원더풀 대구 제안 설명을 어떻게 할 것인가?	○원더풀 대구 제안 설명회 ·제안 설명회 리허설하기 ·제안 설명회 개최하기	사회	3
프로젝트 닫기		○프로젝트 되돌아보기 ○프로젝트 성찰 일지 쓰기	사회	2

교과서 관련 단원 및 시수

교과	단원	시수
사회	3. 지역의 공공 기관과 주민 참여	15
국어	8. 이런 제안 어때요	8
계		23

평가

순	교과	성취 기준	평가 문항	평가 방법
1	사회	[4사03-05] 우리 지역에 있는 공공 기관의 종류와 역할을 조사하고, 공공 기관이 지역 주민들의 생활에 주는 도움을 탐색한다.	'우리는 공공 기관 & 주민 참여 전문가' 활동을 통해 공공 기관의 종류와 역할, 주민 참여의 필요성을 아는가?	전문가 인증시험
2		[4사03-06] 주민 참여를 통해 지역 문제를 해결하는 방안을 살펴보고, 지역 문제의 해결에 참여하려는 태도를 기른다.	'원더풀 대구를 상상하다' 활동을 통해 지역 문제를 해결하는 방안을 찾고 지역 문제 해결에 참여하고자 하는가?	우리는 대구 문제 해결사 학습지, 상상하라 원더풀 대구 학습지
3	국어	[4국03-03] 관심 있는 주제에 대해 자신의 의견이 드러나게 글을 쓴다.	자신의 의견이 드러나게 지역 문제 해결 방안에 대한 제안하는 글을 쓰는가?	제안서 학습지
4		[4국04-03] 기본적인 문장의 짜임을 이해하고 사용한다.	기본적인 문장의 짜임을 이해하고 사용하여 제안하는 글을 쓰는가?	요모조모 학습지, 제안서 학습지

프로젝트 실천하기

프로젝트 열기(1차시)

차시	활동 및 내용	교과 및 시수
1/23	○우리 동네 사진 보며 동기 유발하기 ○프로젝트 안내하기	국어1

〈제안하라, 원더풀 대구〉 프로젝트는 '선생님이 출근길에 둘러본 우리 동네'라는 주제로 필자가 출근길에 찍은 여러 장소 사진을 보는 것으로 시작했다. 처음에는 출근길을 따라 이곳이 어디인지에 초점을 맞추어 이야기했고, 다시 볼 때는 사진에서 우리 동네 문제를 찾아보라고 했다. 아이들은 사진 속에서 쓰레기 문제, 주차 문제, 교통 문제, 킥보드 문제 등을 발견했다.

이후 '이런 동네의 문제들을 누가 해결할 수 있을까?'라고 질문하니 선생님, 부모님, 행정복지센터 직원, 봉사자, 대통령 등이 대답으로 나왔으며, 〈박물관을 바꾼 아이들〉과 〈폴리스 키즈 관련 뉴스〉 동영상을 보면서 우리 초등학생들도 사회 문제를 해결할 수 있다고 말했다.

그러면서 대구 문제를 해결할 수 있는 다양한 방법을 찾아보고 그것을 제안하는 글을 써 보는 〈제안하라, 원더풀 대구〉 프로젝트를 해 보자고 했다. '우리 대구 문제를 해결하는 방법을 어떻게 제안할 것인가?'라는 프로젝트 탐구 질문과 세 가지 활동 주제를 제시했고, 마지막으로 다음 시간 수업을 위해 선생님 출근길 사진처럼 자기가 발견한 동네 문제를 사진으로 찍어 패들렛에 올려 달라는 과제를 냈다.

원더풀 대구를 상상하다(10차시)

탐구 질문	차시	활동 및 내용	교과 및 시수
해결해야 할 지역 문제와 그 해결 방안은 무엇인가?	2–11/23	○우리 동네의 문제를 찾아라 · 패들렛에 올라온 동네 문제 살펴보기(0.5) · 우리는 동네 문제 해결사(1.5) ○우리는 공공 기관 & 주민 참여 전문가 · 우리는 공공 기관 전문가(1.5) – 공공 기관의 뜻, 종류, 하는 일 알아보기 · 우리는 주민 참여 전문가(0.5) – 주민 참여 의미, 방법, 필요성 알아보기 · 공공 기관 & 주민 참여 전문가 인증시험 ★평가1 ○우리 대구의 문제를 찾아라 · 공공 기관 게시판이나 평소 생활 등에서 문제 찾기(1) · 우리는 대구 문제 해결사(3) ★평가2 – 해결 방안을 제안하고 싶은 문제 정하기 – 문제 해결을 위한 자료 수집 및 원인 찾기 ○상상하라, 원더풀 대구 · 원더풀 대구를 위한 문제 해결 방안 제시하기(2) ★평가2 – 각 해결 방안의 장단점 비교하여 의견 정하기	사회10

우리 동네의 문제를 찾아라(2차시)

패들렛에 있는 동네 문제 살펴보기

우리는 동네 문제 해결사 학습지

2~3차시는 먼저 지난 시간 과제로 아이들이 패들렛에 올린 동네 문제 사진들을 살펴보면서 시작했다. 이어 친구들이 올린 동네 문제 중 3개 이상을 선택하여 그 문제를 누가, 어떻게 해결하면 좋을지 자기가 생각하는 해결 방법을 패들렛에 댓글로 쓰도록 했고 해결 방법을 다 쓴 아이들은 친구들이 올린 댓글을 읽어 보게 했다.

이어 '우리는 동네 문제 해결사 학습지'를 나누어 주고 패들렛에서 살펴본 것 중 모둠에서 해결하고 싶은 동네 문제를 3개 정한 후 문제를 발견한 사람과 동네 문제를 쓰게 했다. 이후 모둠에서 협의하여 문제 해결 방법을 각각 두 가지씩 쓰게 했다. 마지막으로 실천 가능성, 주민 편리함, 공공 기관 협조라는 세 가지 평가 기준을 제시하여 모둠의 해결 방법을 상중하로 평가하고 평가 점수가 높은 것을 최종적으로 선택했다.

'우리는 동네 문제 해결사'는 지역 문제를 본격적으로 해결하는 '우리는 대구 문제 해결사' 활동을 위한 워밍업 활동으로 진행한 수업이었다. 한편 평가 기준 중 '공공 기관 협조'는 해결 방안이 공공 기관의 협조를 얼마나 받을 수 있는지 나타내는 것이었는데, 아직 공공 기관을 수업하기 전이어서 본 차시에서는 적절하지 못한 평가 기준이었던 것 같다. 비용 절감 등 적절한 평가 기준으로 수정하면 좋을 것이다.

우리는 공공 기관 & 주민 참여 전문가(2차시)

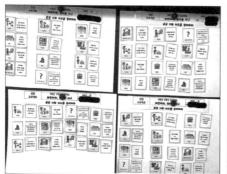
공공 기관 카드 정리하기

공공 기관 & 주민 참여 전문가 인증시험

4~5차시 '우리는 공공 기관 & 주민 참여 전문가'는 먼저 '우리는 공공 기관 전문가' 활동으로 시작했다. 다양한 장소의 사진을 보여 주면서 공공 기관인지 아닌지를 손으로 표시하는 활동을 한 후 '공공 기관의 뜻'을 설명해 주었다. 앞서 보았던 사진을 다시 보면서 공공 기관인지 아닌지를 한 번 더 표시하도록 했다. 이어 교과서의 공공 기관 찾기 활동으로 한 번 더 공공 기관에 해당하는 것을 확인했다.

'공공 기관에서 하는 일'은 공공 기관을 이용한 아이들 경험을 먼저 들은 후 여러 공공 기관에서 하는 일을 PPT로 설명해 주었다. 이어 '공공 기관을 맞춰라' 게임으로 공공 기관에서 하는 일을 확인해 보는 시간을 가졌다. 마지막으로 공공 기관의 이름이 적힌 카드와 하는 일이 적힌 카드의 짝을 찾아서 도화지에 붙이는 '공공 기관 카드를 정리하라'를 모둠 활동으로 하면서 '우리는 공공 기관 전문가'를 마무리했다.

'우리는 주민 참여 전문가' 활동은 주민 참여란 무엇인지를 담은 영상을 본 후 주민 참여의 뜻, 필요성, 다양한 참여 방법을 설명했고 주민 참여 퀴즈를 3개 풀어 보았다. 마지막으로 2시간 동안 했던 수업을 얼마나 기억하고 있는지 '공공 기관 & 주민 참여 전문가 인증시험'을 치르면서 수업을 마무리했다(★평가1).

우리 대구의 문제를 찾아라(4차시)

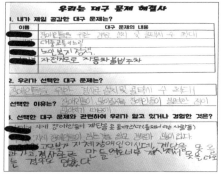

우리 모둠이 선택한 대구 문제

자료 수집 및 정리, 원인 찾기

6차시는 지난 시간의 '공공 기관 & 주민 참여 전문가 인증시험' 문항을 다시 한 번 확인하면서 시작했다. 이어 대구가 직면한 문제를 찾으려고 '토크대구'에 접속하여 시민들이 올린 제안 글을 읽어 보고 공감 가는 제안에 공감 하트를 3개 이상 달라고 했다. 공감 하트를 다는 기준으로는 이해 가능성, 해결 가능성, 주민 편리함을 제시했다. 공감 하트를 단 글은 다음 시간을 위해 꼭 기억해 두라고 했으며, 기한이 많이 지난 글에는 하트를 달 수 없어 화면을 캡처하여 저장해 두도록 했다.

7차시는 먼저 교과서 내용을 바탕으로 지역 문제를 확인하는 방법과 다양한 지역 문제의 종류를 설명한 후 모둠별로 '우리는 대구 문제 해결사 학습지'를 나누어 주었다. 이어 지난 시간 공감 하트를 단 글 3개를 다시 읽고 그중에서 자기가 제일 공감하는 대구 문제의 내용을 학습지에 쓰게 했다. 이후 모둠원들이 쓴 여러 대구 문제 중에서 모둠에서 가장 해결했으면 하는 대구 문제를 하나 선택하도록 했다.

8~9차시는 선택한 문제를 해결하려면 문제 원인을 찾아야 하고, 원인을 찾으려면 다양한 자료를 수집해야 한다는 설명으로 시작했다. 먼저 선택한 대구 문제와 관련해서 알고 있거나 경험한 것을 모둠에서 협의하여 정리하고, 이어 문제 원인을 찾기 위해 뉴스, 신문 기사, 통계 자료 등을 검색하여 자료를 정리하도록 했다. 마지막으로 자료를 해석하는 방법을 설명한 후 모둠에서 협의하여 문제 원인을 찾는 것으로 수업을 마무리했다(★평가2).

상상하라, 원더풀 대구(2차시)

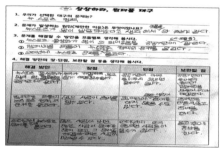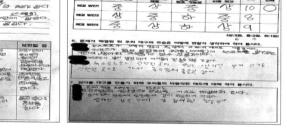

상상하라, 원더풀 대구 학습지

10~11차시 '상상하라, 원더풀 대구'는 '우리 대구의 문제를 찾아라' 활동에서 찾은 문제와 그 원인에 따라 다양한 문제 해결 방안을 생각해 보고 그중에서 최선의 해결 방안을 선택하는 수업이다.

먼저 '상상하라, 원더풀 대구 학습지'를 나누어 주고 모둠에서 선택한 문제와 문제 발생 원인(제안한 이유)을 다시 적도록 했다. 이어 모둠에서 협의하여 문제가 발생하는 원인을 없앨 수 있는 문제 해결 방안 세 가지를 쓰도록 한 후 모둠별로 각 해결 방안의 장점, 단점, 보완할 점을 이야기하게 했다. 필자는 이 부분이 최선의 문제 해결 방안을 찾는 데 가장 중요하다고 생각했고, 심도 있는 모둠 협의가 진행될 수 있도록 시간을 충분하게 주고자 했다.

이후 해결 방안을 평가하는 기준으로 실천 가능성, 주민 편리함 제공, 공공 기관 협조 가능성, 비용 절감을 제시하여 각 해결 방안을 평가하고 최종 선택을 하도록 했다. 마지막으로 문제가 해결된 후 우리 대구의 모습과 원더풀 대구를 만들려면 우리들이 어떤 바람직한 태도를 보여야 하는지 개별로 적도록 하면서 수업을 마무리했다(★평가2).

원더풀 대구를 제안하다(7차시)

탐구 질문	차시	활동 및 내용	교과 및 시수
나의 생각이 잘 드러나게 제안하는 글은 어떻게 쓸까?	12~18/23	○제안하는 글의 요모조모 · 제안하는 글에 대해 알아보기(1) 　－ 제안의 뜻, 제안하는 글의 짜임 알아보기 · 문장의 짜임 알아보기(1) ★평가4 ○원더풀 대구 제안서 작성하기 · 공공 기관에 제안하는 글쓰기(3) ★평가3,4 　－ 제안 개요, 제안서 항목 작성하기 　－ 제안하는 글쓰기 및 수정 · 보완하기 ○원더풀 대구 제안 포스터 만들기 · 제안하는 글에 맞는 제안 포스터 구상하여 만들기(2)	국어7

제안하는 글의 요모조모(2차시)

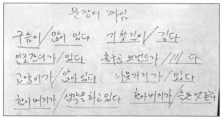

제안하는 글의 짜임

문장의 짜임

12차시 '제안하는 글에 대해 알아보기'는 아파트 주민들이 엘리베이터에 붙인 여러 가지 제안하는 글을 보여 주면서 시작했다. 이어 제안의 뜻을 설명하고 빨대가 있는 두유 팩 사진을 보여 주면서 '여러분이라면 이 사진을 보고 어떤 제안을 할 수 있을까?'라고 질문했다. 이후 두유 팩에 있는 빨대가 코에 들어가 아파하는 거북이의 영상을 보여 주면서 대부분은 이 영상을 보고 불쌍하다고만 생각하고 그냥 지나치는데, 어떤 한 분은 두유 만드는 회사에 제안하는 글을 썼다고 하면서 그 글이 실린 '제안하는 글의 요모조모 학습지'를 나누어 주었다.

제안하는 글의 짜임으로 문제 상황, 제안 이유, 제안 내용을 설명한 후 학습지에 있는 글에서 해당하는 글의 짜임을 찾아보았다. 이어 두유 만든 회사에서 보낸 답장과 빨대 없는 두유 제품 사진을 보여 주며 '제안의 힘'을 이야기해 주었다. 마지막으로 국어 교과서에 나오는 제안하는 글의 짜임에 해당하는 문제 상황, 제안 내용, 제안 이유, 제목을 다시 설명하면서 수업을 마무리했다.

13차시 '문장의 짜임'에서는 먼저 지난 시간 공부한 제안의 뜻, 제안의 힘, 제안하는 글의 짜임을 다시 확인했다. 이어 여러 사진을 보여 주면서 사진의 상황을 한 문장으로 만들어 발표하도록 했고 발표한 문장은 칠판에 적어 두었다. 이후 문장의 짜임을 설명했고 칠판에 적어 둔 문장으로 문장의 짜임을 실제로 확인해 보았다. 마지막으로 수업 시작할 때 보여 준 사진을 다시 보여 주면서 학습지에 문장을 쓰고 짜임대로 나누어 보게 하면서 수업을 마무리했다(★평가4).

원더풀 대구 제안서 작성하기(3차시)

제안서 항목 작성하기

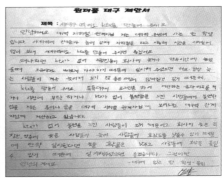

원더풀 대구 제안서

14차시는 지난 시간 공부한 제안하는 글의 짜임인 문제 상황, 제안 내용, 제안 이유, 제목을 다시 확인하는 것으로 시작했다. 이어 예시 글을 활용하여 각 짜임에 해당하는 문장을 찾아보고 이를 글의 순서대로 배열했다. 그리고 글에 제목을 붙여 보도록 하면서 제안하는 글의 짜임을 전체적으로 파악할 수 있도록 했다. 이후 원더풀 대구 제안서의 개요를 작성했는데 앞서 '원더풀 대구를 상상하다' 활동에서 모둠이 선택했던 대구 문제에 대해 문제 상황, 제안 내용, 제안 이유를 각각 한두 줄 정도로 간단하게 쓰도록 했다.

15차시는 앞서 작성한 제안서 개요와 '원더풀 대구를 상상하다' 활동의 학습지를 참고하여 문제 상황, 제안 내용, 제안 이유와 관련된 내용을 자세하게 쓰는 제안서 항목 작성하기를 했다. 각 항목별로 쓴 내용이 많으면 그중 적합한 것들을 선택하며 제안서를 쓸 수 있지만 내용이 부족하면 제대로 된 제안서를 쓰기 힘들다고 하면서 최대한 많은 내용을 쓸 수 있도록 안내했다. 또 제안 내용 항목 중 '어느 공공 기관에 제안하고 싶나요?'라고 질문하여 모둠이 선택한 문제를 해결하는 공공 기관(장)을 정하도록 했다.

16차시에는 '제안서 항목 학습지'와 '두유 빨대 학습지'를 참고하여 원더풀 대구 제안서를 작성했는데, 필자는 여기에서 두 가지를 강조하여 지도했다. 하나는 문단 쓰기로 문장과 문단의 차이, 문단의 들여쓰기, 문단의 앞줄과 뒷줄 맞추기 등을 설명하여 제대로 된 글의 모양이 될 수 있도록 했다. 특히 제안하는 글의 짜임인 문제 상황, 제안 내용, 제안 이유를 쓸 때는 꼭 문단을 바꾸어 쓰게 했다. 다른 하나는 제안하는 글의 짜임으로 '두유 빨대 학습지'를 활용하여 문제 상황, 제안 내용, 제안 이유, 제목뿐만 아니라 받는 대상, 자기소개, 제안 강조, 인사 및 쓴 사람 등 제안하는 글에 들어가야 할 항목들을 순서대로 안내하여 완결된 한 편의 제안서가 될 수 있도록 했다(★평가3,4).

4학년 아이들이 자기 의견을 나름의 형식에 맞추어 한 편의 글로 쓴다는 것은 쉬운 일이 아니다. 그렇기 때문에 글쓰기 수업 시간에는 학생들에 대한 교사의 개별적인 도움과 피드백이 필수적이라고 할 수 있다. 필자는 완성하여 제출한 제안서에 피드백하는 것도 필요하지만, 글을 쓰고 있는 동안에 적절한 피드백을 주어 한 편의 제안서를 완성할 수 있도록 하는 것도 아이들에게는 도움이 된다고 생각한다.

원더풀 대구 제안 포스터 만들기(2차시)

완성한 제안 포스터

17~18차시는 포스터의 뜻, 종류, 제안 포스터 그리기 방법을 설명하는 것으로 시작했다. 이어 자기 모둠에서 선택한 대구 문제와 관련된 그림이나 이미지, 문구를 검색하면서 자기만의 제안 포스터를 제작했다. 제안 포스터는 제안서를 발표할 때 배경으로 활용했고 수업 후에는 교실과 복도에 게시하기도 했다.

원더풀 대구 제안 설명회(3차시)

탐구 질문	차시	활동 및 내용	교과 및 시수
원더풀 대구 제안 설명을 어떻게 할 것인가?	19~21/23	○원더풀 대구 제안 설명회 · 제안 설명회 리허설하기(1) · 제안 설명회 개최하기(2) − 1부 모둠 편 개최하고 모둠 대표 뽑기 − 2부 학급 편 개최하고 최고 제안 설명자 선정	사회3

제안 설명회 − 학급 편   제안 설명회 평가표

19차시에는 제안 설명회 리허설을 진행했다. 원더풀 대구 제안서와 제안 포스터를 준비하여 먼저 개별로 제안서 발표 연습을 하고 이어 모둠 친구 앞에서 연습하도록 했다. 마지막으로 혼자 최종 연습을 하며 리허설을 마무리했다.

20~21차시에는 '원더풀 대구 제안 설명회'를 개최했는데, 먼저 제안 설명회 진행 순서를 안내하고 평가표를 나누어 주었다. 제안 설명회는 최종 리허설, 1부 제안 설명회 − 모둠 편, 간식 시간, 2부 제안 설명회 − 학급 편 순으로 진행했고, 평가표의 자기 평가는 최종 리허설, 모둠 평가는 1부 모둠 편, 학급 평가는 2부 학급 편을 할 때 하도록 했다.

1부인 모둠 편에서 가장 점수가 높은 아이가 모둠 대표로 2부 학급 편에 진출했고, 학급 편 발표자는 모둠원들의 제안 포스터를 모두 칠판에 붙인 후 자기 제안서를 발표했다. 학급 편 점수 합계는 필자가 직접 했고 최고 제안 설명자로 선정된 아이에게는 부상으로 간식을 듬뿍 준 후 다시 한 번 제안서를 발표하면서 수업을 마무리했다.

프로젝트 닫기(2차시)

차시	활동 및 내용	교과 및 시수
22–23/23	○프로젝트 되돌아보기 ○프로젝트 성찰 일지 쓰기	사회2

'프로젝트 닫기'에서는 먼저 그동안 수업한 프로젝트 활동 PPT와 결과물들을 함께 보며 이야기 나누는 프로젝트 되돌아보기를 했다. 이어 이번 프로젝트를 하면서 알게 된 점, 느낀 점과 수업의 여러 활동 중 재미있었던 것, 힘들었던 것 등이 담긴 성찰 일지를 작성하고 공유하는 시간도 가졌다.

〈제안하라, 원더풀 대구〉 프로젝트에서는 '프로젝트 닫기'를 2시간 배정하여 아이들과 함께 활동 하나하나에 대해 이야기를 나눌 수 있었고 성찰 일지 작성 및 공유하는 시간도 여유롭게 가질 수 있어서 좋았다. 시간적 여유가 있다면 '프로젝트 닫기'를 2시간으로 진행해 보는 것도 좋을 것이다.

STEP3 프로젝트 돌아보기

필자는 프로젝트 수업의 전체적인 흐름을 거의 정한 후 수업을 진행하는 편이다. 수업을 진행하다 활동이나 내용이 조금씩 바뀌는 경우는 있지만 프로젝트의 전체적인 흐름은 지켜 나가는 편이다. 하지만 〈제안하라, 원더풀 대구〉는 수업의 초점과 흐름을 정하지 못하고 계속해서 바꾸어 가면서 진행한 프로젝트였다. 아마 다른 선생님이 짠 프로젝트 계획을 가지고 필자 수업으로 만들어 가는 것에서 오는 힘듦이 않았을까 생각된다(원래는 필자도 참여하고 있는 '참좋은연구회'의 변남주 선생님께서 2021년에 계획한 '원더풀 대구 프로젝트'였는데 필자가 전면 수정하여 실천했다).

〈제안하라, 원더풀 대구〉 프로젝트는 수업 초점을 세 가지 정도로 생각해 볼 수 있다. 대구의 문제(4학년 지역)를 해결해 보는 것, 우리 동네의 문제를 실제로 해결해 보는 것, 제안서를 작성하여 실제로 보내는 것. 필자는 이 세 가지 초점을 다 염두에 두면서 프로젝트 흐름을 정하지 못하고 갈팡질팡했던 것 같다. 대구의 문제 해결에만 초점을 두면 4학년 아이들에게 너무 추상적일 것 같고, 우리 동네의 문제 해결에만 초점을 두면 지엽적인 쓰레기 문제에 매달릴 것 같았다. 또 제안서를 작성하여 실제로 보내는 것은 아이들이 쓸 제안서 수준에 자신이 없어서 계속 고민만 한 것이다. 결국 필자는 사회 문제를 해결하는 과정, 제안서를 쓰는 과정을 세밀하게 구성하여 아이들이 문제 해결 '과정'과 글을 쓰는 '과정'을 제대로 익히는 데 초점을 두었다.

선생님들이라면 어디에 초점을 맞추어 이 프로젝트 수업을 진행하고 싶은가요?

본 프로젝트는 원래 24차시로 구성하여 '원더풀 대구 제안 설명회'를 마친 후 '주민 참여를 실천하라' 활동이 2차시 있었다. 하지만 프로젝트 흐름상 제안 설명회로 끝내면 더 좋을 것 같아 '주민 참여를 실천하라' 활동을 없애고 '프로젝트 닫기'를 1차시 늘려 2차시로 구성하여 진행했다.

하지만 프로젝트를 마친 후 생각해 보니 아이들이 작성한 제안서를 좀 더 보완하여 해당 공공 기관 홈페이지에 실제로 올리는 '주민 참여를 실천하라' 활동까지 이어졌으면 더 좋았겠다는 아쉬움이 들었다. 특히 아이들이 작성한 제안하는 글의 수준이 높아서 더욱 아쉬움이 컸는데 다음에 수업을 한다면 '주민 참여를 실천하라'까지 진행하고 싶다.

〈제안하라, 원더풀 대구〉 프로젝트는 2022년에 계획하여 실천하고 기록한 프로젝트다.

3부

5학년 사회 프로젝트 수업 이야기

00

'어떻게 5학년 사회 프로젝트 수업을 실천했을까'가 궁금하다면?

3부는 그동안 실천했던 5학년 사회 프로젝트 수업 계획과 실천 결과들을 정리한 것이다. 〈역사야 놀자 1〉은 2021년, 〈역사야, 놀자 2〉는 2022년에 계획하고 실천한 프로젝트다.

학기	프로젝트	과목	차시	관련 사회 단원
2	역사야, 놀자 1	사회	25	1단원 옛사람들의 삶과 문화
	역사야, 놀자 2	사회, 국어	26	2단원 사회의 새로운 변화와 오늘날의 우리

5학년 2학기 사회는 단군부터 6·25까지 역사를 다룬다. 너무 많은 내용을 한 학기에 다 가르쳐야 하기에 사회 교과만으로 역사 수업을 하면 진도 맞추기가 힘들 것이다. 그렇기 때문에 되도록 5학년 2학기 사회 수업은 국어 교과와 연계하여

지도하는 것이 좋다. 또 『교육과정 재구성, 프로젝트 수업을 탐하다』라는 필자의 책에 여러 가지 5학년 프로젝트 사례 및 계획안이 실려 있으니 참고하면 좋을 것이다.

이 책에 담지 못한 5학년 사회 단원, 해당 단원의 수업 아이디어를 정리하면 다음과 같다.

학기	단원	수업 아이디어
1	1단원 국토와 우리 생활	· 대한민국 위키백과 만들기 프로젝트(자연환경, 인문환경) · 신대동여지도 프로젝트
	2단원 인권 존중과 정의로운 사회	· 인권 프로젝트 : 도덕과 6단원과 연계하여 구성 · 헌법 프로젝트 : 대한민국 헌법 읽기

01
역사야, 놀자 1
: 문화재와 인물로 배우는 역사 이야기

프로젝트 설계하기

〈역사야, 놀자 1〉 프로젝트는?

현재 초등 역사 수업은 5학년 2학기에만 있어 한 학기 만에 한국사 전체를 가르쳐야 하는 실정이다. 또 교과서 내용이 너무나 압축적으로 제시되어 통사조차도 제대로 가르칠 수 없는 형편이다. 이런 상황에서 어떻게 하면 한국사를 좀 더 재미있게, 제대로 가르칠 수 있을까?

고조선부터 조선 중기 병자호란까지 1단원에서는 시대의 대표적 '유물과 유적'을 통해 역사적 이미지로 명확하게 기억되는 역사와 '역사 인물'에서 그 시대 사람과 삶을 이해하고 공감하는 역사 수업을 하고자 했다. 이처럼 〈역사야, 놀자 1〉

은 시대의 대표적 문화재와 인물로 역사를 좀 더 재미있고 의미 있게 배우는 프로젝트다.

프로젝트 수업 한눈에 보기

교과서 내용		재구성	
학습 요소	차시	학습 주제	차시
단원 도입	1	Welcome to 역사랜드	1
		슬기로운 선사 생활	1
고조선의 건국과 발전 과정	1	단군과 고인돌	1
고구려, 백제, 신라의 성립과 발전 과정	2	대한 사국지 Part 1 – 첫 번째 통일	2
신라의 통일 과정과 발해의 성립 및 발전 과정	1		
고구려와 백제의 문화유산	1	대한 사국지 Part 2 – 천상의 컬렉션	2
신라와 가야의 문화유산	1		
불국사와 석굴암의 우수성	1	문화 대통령, 경덕	2
고려의 건국과 후삼국 통일	1	대한 삼국지 – 두 번째 통일	2
거란의 침입과 극복 과정	2	VICTORY Part 1 – 고려 편	2
몽골의 침입과 고려의 대응	1		
고려청자에 담긴 우수성	1	Made in Korea	2
팔만대장경 속 고려의 기술과 문화	1		
금속활자 속 고려의 기술과 문화	1		
조선의 건국 과정	2	새로운 나라, 조선	2
		궁궐의 도시, 한양	1
세종대에 이루어 낸 발전	2	King Sejong	2
유교 질서를 바탕으로 한 사회 모습	1	양반에서 천민까지	1
임진왜란이 일어난 과정과 극복 노력	2	VICTORY Part 2 – 조선 편	3
병자호란이 일어난 과정	1		
단원 정리	2	역사야, 놀자 1 프로젝트 닫기	1

교과서 관련 단원 및 시수

교과	단원	시수
사회	1. 옛사람들의 삶과 문화	25
	계	25

평가

순	교과	성취 기준	평가 문항	평가 방법
1	사회	[6사03-01] 고조선의 등장과 관련된 건국 이야기를 살펴보고, 고대 시기 나라의 발전에 기여한 인물(근초고왕, 광개토대왕, 김유신과 김춘추, 대조영 등)의 활동을 통해 여러 나라가 성장하는 모습을 탐색한다.	'단군과 고인돌', '대한 사국지 Part 1 – 첫 번째 통일' 활동을 통해 여러 나라가 성장하는 모습을 바르게 이해하는가?	삼국유사 – 고조선 학습지, 한강을 차지하라 학습지
2		[6사03-02] 불국사와 석굴암, 미륵사 등 대표적인 문화유산을 통해 고대 사람들이 이룩한 문화의 우수성을 탐색한다.	'문화 대통령, 경덕' 활동을 통해 고대 사람들이 이룩한 문화의 우수성을 바르게 이해하는가?	이젤패드 발표 자료, 갤러리 워킹 관찰
3		[6사03-03] 고려를 세우고 외침을 막는 데 힘쓴 인물(왕건, 서희, 강감찬 등)의 업적을 통해 고려의 개창과 외침 극복 과정을 탐색한다.	'대한 삼국지 – 두 번째 통일', 'VICTORY Part 1 – 고려 편' 활동을 통해 고려의 개창과 외침 극복 과정을 바르게 이해하는가?	왕건의 통일 비결 학습지, 고려 항쟁 학습지
4		[6사03-04] 고려청자와 금속활자, 팔만대장경 등 문화유산을 통해 고려 시대 과학 기술과 문화의 우수성을 탐색한다.	'Made In Korea' 활동을 통해 고려 시대 과학 기술과 문화의 우수성을 바르게 조사하고 정리하는가?	이젤패드 발표 자료

5		[6사03-05] 조선을 세우거나 문화 발전에 기여한 인물(이성계, 세종대왕, 신사임당 등)의 업적을 통해 조선 전기 정치와 민족 문화의 발전상을 탐색한다.	'새로운 나라, 조선', 'King Sejong' 활동을 통해 조선 전기 정치와 민족 문화의 발전상을 바르게 파악하는가?	토론학습지, 갤러리 워킹 관찰
6	사회	[6사03-06] 대표적인 유적지(행주산성, 남한산성 등)와 인물들(이순신과 곽재우, 김상헌과 최명길 등)의 활동을 통해 임진왜란, 병자호란 등과 같은 국가적 위기의 극복 과정을 탐색한다.	'VICTORY Part 2 – 조선 편' 활동을 통해 병자호란의 극복 과정을 바르게 이해하는가?	토론학습지, 토론 활동 관찰

프로젝트 실천하기

Welcome to 역사랜드(1차시)

활동 및 내용	교과 및 시수
○역사란 무엇인가? ○선생님 물건의 정체를 밝혀라	사회1

　〈역사야, 놀자 1〉 수업의 시작인 'Welcome to 역사랜드'는 '역사란 무엇인가?'라는 질문으로 시작했다. 한 남자의 뒷모습 사진을 보면서 진짜 얼굴을 상상하고 어릴 적 필자가 동생과 세 발 자전거를 타며 찍은 사진을 보여 주며 필자와 동생의 관계를 예상해 보는 활동으로, 역사에서 사실이라는 것은 남겨진 자료를 바탕으로 만들어 가는 것이기에 역사란 '해석의 학문'이라고 말했다.

　역사가 해석의 학문이라는 것을 확실히 이해할 수 있도록 '선생님 물건의 정체를 밝혀라' 활동을 했다. 필자 가방에 있는 라이터, 쫀득이, 도장, 포스트잇을 차례대로 꺼내면서 왜 선생님은 이 물건들을 가지고 다니는지 추측해 보도록 했다. 먼저 개별로 추측해 본 후 이를 바탕으로 모둠이 협의하여 모둠 의견을 정리하게 했다. 이어 모둠 의견을 칠판에 적고 학급 협의로 반 의견을 정리했다. 이렇게 결정된 반 의견이 학반마다 다름을 이야기하면서 역사는 여러 사람이 해석한 것 중 가장 합리적이라고 생각한 것을 사실로 인정하므로 역사는 외우는 학문이 아니라 해석의 학문이라고 정리하며 수업을 마무리했다.

슬기로운 선사 생활(1차시)

활동 및 내용	교과 및 시수
○역사 연표 그리기 ○구석기 시대 vs 신석기 시대 : 의식주, 도구, 대표 문화유산 ○구석기와 신석기 생활 모습 정리하기	사회1

구석기와 신석기 대표 유물

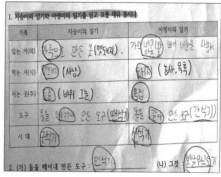

구석기와 신석기 생활 정리하기

'슬기로운 선사 생활'은 역사 연표 그리기 활동을 통해 선사 시대가 얼마나 역사가 긴지 확인하면서 시작했다. 이어 '구석기 시대 vs 신석기 시대' 설명 자료로 구석기와 신석기 시대의 도구, 의식주 생활을 설명하고 대표 문화유산으로 구석기는 주먹 도끼, 신석기는 빗살무늬토기를 소개했다. 마지막으로 '선사 시대 일기 학습지'로 구석기와 신석기 생활 모습을 정리하면서 마무리했다.

단군과 고인돌(1차시)

활동 및 내용	교과 및 시수
○스피드 퀴즈 ○'삼국유사 – 고조선'을 읽으며 : 단군 이야기 해석하기 ★평가1 ○고인돌 이야기	사회1

고조선 스피드 퀴즈   삼국유사 – 고조선 학습지

　　'단군과 고인돌'은 스피드 퀴즈로 교과서 내용을 확인하면서 시작했다. 스피드 퀴즈는 수업 주제와 관련된 교과서 내용을 3분 이내로 빠르게 읽게 하고, 그것을 문제로 내어 포스트잇에 답을 쓰고 확인하는 것이다. 이어 삼국유사에 있는 고조선 원문이 실린 '삼국유사 – 고조선 학습지'를 나누어 주고 단군 이야기를 해석해 보도록 했다. 이때는 필자가 한참 삼국유사의 재미에 빠져 있던 시기여서 아이들에게 한 번은 삼국유사 원문을 읽어 보는 경험을 가지게 하고 싶었다. 짧은 글이었지만 아이들은 거의 멘탈 붕괴 수준의 모습을 보였는데, 결국은 시간 내 다하지 못해서 덜한 부분은 숙제로 해 오도록 안내하고 다음 시간에 답을 확인했다(★평가1). 마지막으로 청동기 시대 대표 문화재로 유네스코 세계 문화유산으로 등재된

고창, 화순, 강화의 고인돌을 소개하면서 수업을 마무리했다('단군과 고인돌' 활동은

1시간을 추가하여 2시간으로 수업하면 좋을 것이다).

대한 사국지 Part 1 – 첫 번째 통일(2차시)

활동 및 내용	교과 및 시수
○ 스피드 퀴즈 ○ 사국의 탄생 : 건국 신화 공통점 알기 ○ 한강을 차지하라 : 삼국의 전성기와 공통점 알아보기(1) ★평가1 ○ 서기 642년, 그날 : 삼국의 통일 과정 알아보기(1)	사회2

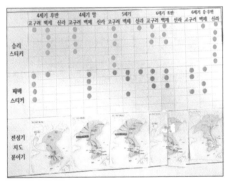

한강을 차지하라 학습지

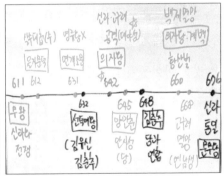

삼국의 통일 과정 알아보기

'대한 사국지 Part 1 – 첫 번째 통일'은 스피드 퀴즈로 교과서 내용을 확인하면

서 시작했다. '사국의 탄생'은 『용선생의 시끌벅적 한국사』에 실려 있는 사국(고구

려, 백제, 신라, 가야)의 건국 신화 만화로 만든 학습지를 활용했는데(PPT 슬라이드를 그대

로 양면 인쇄) 만화를 읽고 건국 신화의 공통점과 그 이유를 찾아보도록 했다.

'한강을 차지하라'는 삼국의 전쟁 목록 학습지를 보고 해당되는 시기에 승리와

패배 스티커를 붙여 이를 바탕으로 각 시기별 전성기 지도를 찾아 붙이도록 했다 (『한국사 놀이 수업 백과』 중 정한식 선생님의 '정말 싸우다 컸다' 활용). (★평가1) 이어 필자가 나라별 전성기 지도로 내용을 정리했고 이후 전성기의 공통점과 그 이유를 생각해 보고 공유하는 시간을 가졌다.

'서기 642년, 그날'은 642년을 전후한 시기 고구려, 백제, 신라의 역사적 인물과 역사적 사건을 조사하여 삼국 통일의 과정을 입체적으로 그려 보는 수업이었다. 먼저 모둠에서 한 나라를 선택하여 600년에서 676년 사이 인물과 사건을 조사하여 정리하도록 했는데, 각 나라별 키워드 인물은 제시해 주었다. 이어 정리한 내용을 모둠에서 발표하면 필자가 화이트보드에 나라별로 색깔을 다르게 하여 요약한 후 화이트보드에 있는 내용을 종합하여 삼국 통일의 과정을 정리해서 설명해 주었다. 원래 수업을 계획할 때는 화이트보드 정리 및 삼국 통일의 과정을 설명하는 것을 아이들에게 맡기려고 했지만, 수업 시간이 너무 부족해서 필자가 정리하고 설명하면서 수업을 마무리했다('대한 사국지 Part 1 – 첫 번째 통일'은 1시간을 추가하여 3시간으로 수업하면 좋을 것이다).

대한 사국지 Part 2 – 천상의 컬렉션(2차시)

활동 및 내용	교과 및 시수
○사국의 고분 & 대표 문화재 ○사국의 문화재를 분류하라(1) ○천상의 컬렉션을 소개하라 : 사국 시대 문화재 중 나의 원픽은? ○반가사유상의 이름을 지어주세요(1)	사회2

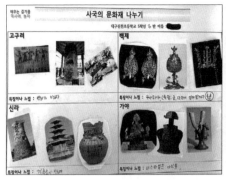

사국의 문화재 분류하기

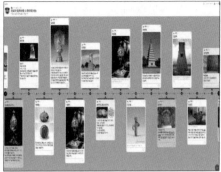

〈천상의 컬렉션〉 소개하기

'대한 사국지 Part 2 – 천상의 컬렉션'은 사국의 고분과 대표 문화재를 PPT로 설명하는 것으로 시작했다. 사국 시대의 많은 문화재는 고분에서 출토되거나 고분과 관련된 것이어서 각 나라의 고분 양식을 간단하게 설명하면서 고분 출토 문화재들을 소개했다.

'사국의 문화재를 분류하라'는 먼저 사국의 문화재 사진이 있는 개별 학습지를 주고는 사진을 잘라 나라별로 분류한 후 나라별 문화재의 공통적인 특징이나 느낌을 간단하게 쓰게 했다. 이후 모둠별로 모여 자기가 분류한 것을 발표하고 친구가 분류한 것을 들으면서 학습지를 수정할 수 있도록 했다. 정확한 나라별 문화재 분류가 중요한 것이 아니라 왜 그 나라의 문화재라고 생각했는지에 초점을 두고 이야기를 나누게 했는데 정답은 공개하지 않았다.

〈천상의 컬렉션〉이라는 TV 프로그램을 모방한 '천상의 컬렉션을 소개하라'는 먼저 필자가 좋아하는 '신라의 미소'를 예시로 소개하면서 시작했다. 이어 사국 시대 문화재 중 자기가 소개하고 싶은 문화재 하나를 선정하여 패들렛에 선생님이 한 것처럼 사진과 소개 글을 올리도록 했다. 이후 친구들의 컬렉션을 둘러보면서 두 명 이상에게 댓글을 달아 주도록 했다.

'반가사유상의 이름을 지어주세요'는 2021년 당시 국립중앙박물관의 반가사유상 애칭 공모전을 수업에 그대로 활용한 것이다. 간단한 설명과 함께 반가사유상 78호와 83호의 다양한 사진을 보여 준 후 각각에 어울리는 이름을 지어 보도록 했다. 수업을 시작할 때는 네 반에서 나온 이름 중 가장 좋은 것을 실제로 공모전에 제출하려고 했는데, 아이들이 지은 이름과 지은 이유의 수준을 본 후 공모를 포기할 수밖에 없었다.

문화 대통령, 경덕(2차시)

활동 및 내용	교과 및 시수
○ 경덕왕, 문화를 꽃피우다 ○ 경덕의 문화재를 소개하라 : 성덕대왕 신종, 불국사, 석굴암 ★평가2 ○ 천년의 신비 석굴암 시청《역사채널 e》	사회2

'문화 대통령, 경덕'은 경덕왕 시기 최고의 문화재인 성덕대왕 신종(에밀레종), 불국사, 석굴암을 간단하게 설명하는 '경덕왕, 문화를 꽃피우다'로 시작했다. 이어 모둠에서 성덕대왕 신종, 불국사, 석굴암 중 하나를 선택하여 이젤패드에 조사·정리하고 둘 가고 둘 남기 갤러리 워킹으로 발표하는 '경덕의 문화재를 소개하라'를 진행했다(★평가2). 마지막으로 필자가 생각하는 신라 최고의 문화재인 석굴암 동영상을 보면서 수업을 마무리했다.

대한 삼국지 - 두 번째 통일(2차시)

활동 및 내용	교과 및 시수
○스피드 퀴즈 ○후삼국 이야기 : 후삼국 형성 과정 알아보기 ○두 번째 통일 : 고려의 통일 과정 알아보기⑴ - 팔공산 왕건길(선택 활동) ○왕건의 후삼국 통일 비결을 찾아라⑴ ★평가3	사회2

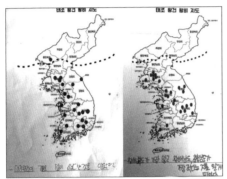

태조 왕건 왕비 지도 학습지

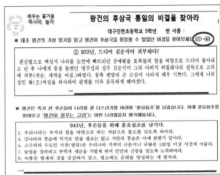

왕건의 후삼국 통일 비결 찾기 학습지

'대한 삼국지 - 두 번째 통일'은 스피드 퀴즈로 교과서 내용을 확인하면서 시작했다. 이어 경덕왕 이후 신라의 분열과 혼란, 호족의 성장과 후삼국 형성을 다루는 '후삼국 이야기', 고려와 후백제의 전쟁 과정, 고려 통일을 다루는 '두 번째 통일'을 PPT로 설명했다. 이후 필자가 있는 대구와 관련된 '팔공산 왕건길'을 퀴즈로 알아보는 시간을 가졌는데 다른 지역에 계시는 선생님들께서는 이 부분은 건너뛰어도 무방할 것이다.

'왕건의 후삼국 통일 비결을 찾아라'에서는 먼저 모둠별로 '태조 왕건 왕비 지도'를 만들었는데 왕비 명단을 보고 해당 출신 지역(해당하는 도)에 스티커를 모두 붙인 후 알게 된 점이나 느낀 점을 협의하여 쓰고 발표했다. 이어 개별로 '왕건의 후삼국 통일 비결을 찾아라 학습지'에 있는 왕건의 가상 일기를 4개 읽고 자기가 생각하는 통일 비결을 각각 찾아보고 모둠에서 공유했다(★평가3). 마지막으로는 훈요십조의 내용을 토대로 왕건이 꿈꾸는 고려 모습을 생각해 보고 서로 공유했다.

VICTORY Part 1 – 고려 편(2차시)

활동 및 내용	교과 및 시수
ㅇ스피드 퀴즈 ㅇVICTORY 고려 항쟁 이야기 읽기 자료 읽고 정리하기(1) ★평가3 ㅇ고려 왕조로 보는 대외 항쟁 ㅇVICTORY 거란전, 여진전, 몽골전(1)	사회2

읽기 자료 읽고 내용 정리하기

고려 왕조로 보는 대외 항쟁

'VICTORY Part 1 – 고려 편'은 스피드 퀴즈를 한 후 고려 vs 거란(요), 고려 vs 여진(금), 고려 vs 몽골(원)의 세 페이지로 되어 있는 '고려 항쟁 이야기 읽기 자료'

를 나누어 주면서 시작했다. 이어 '고려 항쟁 이야기 학습지'에 읽기 자료의 내용을 요약하여 정리하고 고려가 수많은 외침을 극복할 수 있었던 원동력이 무엇이었는지 찾아본 후 서로 의견을 모둠 → 학급 순으로 공유했다(★평가3).

'고려 왕조로 보는 대외 항쟁'은 고려 왕조 표에서 거란, 여진, 몽골과 전쟁을 한 왕을 표시한 자료를 주면서 몽골 간섭기에 해당하는 왕을 찾아 적고 왕 이름에 공통점으로 '충'이 들어가는 것을 확인했다. 이어 고려 왕조 표를 보면서 우리는 고려가 왕조 내내 외세 침입에 시달린 것으로 생각하기 쉽지만, 고려 초기는 평화의 시기였고 이런 시기에 고려청자, 금속활자 같은 훌륭한 문화를 만들 수 있었던 것이라고 강조했다.

마지막으로 'Victory – 거란전, Victory – 여진전, Victory – 몽골전' PPT로 고려의 대외 항쟁을 다시 한 번 설명하는 것으로 수업을 마무리했다.

Made In Korea(2차시)

활동 및 내용	교과 및 시수
○ 고려, 문화를 꽃피우다 ○ 고려의 문화재를 소개하라 ★평가4 　· 비색청자, 상감청자, 팔만대장경, 금속활자, 수월관음도 ○ 고려청자를 찾아라 시청(《역사채널 e》)	사회2

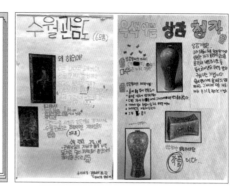

문화재별 필수 조사 항목 　　　　　　　　　　　　　　고려의 문화재를 소개하라 발표 자료

　'Made In Korea'는 고려 시대 문화재인 비색청자, 상감청자, 초조대장경, 팔만
대장경, 금속활자 – 직지, 수월관음도, 삼국유사 & 삼국사기를 소개하는 '고려,
문화를 꽃피우다'로 시작했다. 이어 모둠에서 비색청자, 상감청자, 팔만대장경,
금속활자, 수월관음도 중 하나를 선택하여 이젤패드에 조사·정리하고 소개하
는 '고려의 문화재를 소개하라'를 진행했다. 이번 조사에서는 필수적으로 들어가
야 할 항목을 문화재별로 제시하여 무엇을 조사해야 할지 분명하게 알려 주었으
며 갤러리 워킹은 둘 가고 둘 남기로 진행했다(★평가4). 마지막으로 일제 강점기 동
안 고려청자 수만 점이 일본 및 해외로 반출된 안타까운 상황을 담고 있는 〈고려
청자를 찾아라〉 동영상을 보면서 수업을 마무리했다.

새로운 나라, 조선(2차시)

활동 및 내용	교과 및 시수
○스피드 퀴즈 ○이성계의 물음 : 고려 말 상황과 이성계의 등장(0.5) ○역사 토론 : 하여가 vs 단심가(0.5+1) ★평가5 ○조선 건국에 대한 나의 생각 쓰고 발표하기	사회2

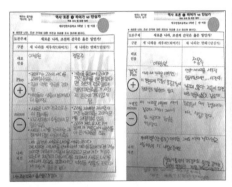
토론용 플러스마이너스 학습지

역사 토론 : 하여가 vs 단심가

　'새로운 나라, 조선'은 스피드 퀴즈로 교과서 내용을 확인한 후 고려 말 상황과 이성계의 등장까지를 담고 있는 '이성계의 물음'을 PPT로 설명했다. 이어 권력을 잡은 이성계의 물음에 대한 대답으로 이방원의 하여가와 정몽주의 단심가를 소개하면서 '새로운 나라, 조선의 건국은 옳은 일인가?'를 주제로 역사 토론을 하자고 했다. 먼저 토론을 준비하기 위해 개별로 '토론을 위한 플러스마이너스 학습지'를 정리하도록 했는데, 찬성 의견과 반대 의견의 좋은 점(플러스)과 나쁜 점(마이너스)을 두 가지 이상 적도록 했다. 마지막에는 조선 건국에 대한 자신의 의견을 적도록 했다(★평가5). 수업 시간에 다 하지 못한 아이들에게는 과제로 제시하여 완성하도록 했다.

　본격적인 토론을 위해 먼저 사회자, 토론자, 배심원의 역할을 나누고 토론 절차(주장 펼치기 – 작전 타임 – 반론하기 – 작전 타임 – 주장 다지기 – 배심원 판정)와 토론 역할에 따라 해야 할 일을 설명해 주었다. 이어 역할에 따른 토론 준비 시간을 15분 정도 준 후 사회자 진행에 따라 토론을 진행했고, 배심원들 판정을 들으면서 토론을 마쳤다. 마지막으로 조선 건국에 대한 자기 생각을 포스트잇에 적게 하고 모둠 및 전체 발표를 하면서 수업을 마무리했다.

　하지만 첫 번째 역사 토론 '하여가 vs 단심가'에서는 제대로 토론이 되지 않았는데 가장 큰 이유는 역할 나누기, 토론 절차 설명, 토론 준비, 토론, 조선 건국에 대한 자기 생각 쓰기까지를 1시간밖에 배정하지 않은 필자의 실수 때문이었다. 토론 준비를 할 수 없었으니 제대로 토론이 될 리가 없었던 것이다. 다행인지는 모르겠지만 토론 준비 부족으로 '반론하기'가 제대로 되지 않아 토론이 너무 빨리 끝나면서 수업은 제시간에 마쳤다. 토론자끼리 말없이 서로의 눈만 바라보던 반론하기에서 보였던 모습이 아직도 악몽처럼 남아 있다('새로운 나라, 조선'은 1시간을 추가하여 3시간으로 수업하면 좋을 것이다).

궁궐의 도시, 한양(1차시)

활동 및 내용	교과 및 시수
○인의예지신 IN 한양 : 사대문과 보신각 ○5대 궁궐 IN 한양 : 경복궁, 창덕궁, 창경궁, 덕수궁, 경운궁 ○나의 원픽 궁궐은?	사회1

'궁궐의 도시, 한양'은 한양의 사대문과 보신각을 설명하는 '인의예지신 IN 한양'을 먼저 한 후 서울에 남아 있는 5대 궁궐을 설명하는 '5대 궁궐 IN 한양'을 했다. 이후 5대 궁궐 중 가장 마음에 드는 나의 원픽 궁궐을 선택하고 그 이유를 발표하면서 수업을 마무리했다.

King Sejong(2차시)

활동 및 내용	교과 및 시수
○지폐 속 세종대왕 이야기 ○세종대왕의 업적을 소개하라 ★평가5 · 훈민정음, 혼천의 · 칠정산, 농사직설 · 측우기, 자격루 · 앙부일구, 영토 확장 ○세종대왕이 꿈꾸는 나라는?	사회2

'King Sejong'은 1만 원권에 있는 세종대왕, 용비어천가, 일월오병도, 혼천의, 천상열차분야지도를 소개하는 '지폐 속 세종대왕 이야기'로 시작했다. 이어 세종대왕의 업적에는 어떤 것이 있는지 브레인스토밍을 한 후 측우기, 농사직설, 해시계와 물시계, 4군 6진의 영토 확장을 추가로 설명해 주었다.

이후 모둠에서 훈민정음, 혼천의 · 칠정산, 농사직설 · 측우기, 자격루 · 앙부일구, 영토 확장 중 하나를 선택하여 이젤패드에 조사 · 정리하고 소개하는 '세종대왕의 업적을 소개하라'를 진행했다. 이번 조사에서도 필수적으로 들어가야 할 항목을 제시했고 주제별 관련 영상을 각각 QR 코드로 제공하여 도움을 주었다. 발표 자료를 완성한 후 둘 가고 둘 남기로 갤러리 워킹을 진행했고(★평가5) 마지막으로 세종이 꿈꾸는 나라에 대한 자기 생각을 포스트잇에 쓰고 공유하는 시간을 가지면서 수업을 마무리했다.

수업을 마치기 전 다음 수업인 '양반에서 천민까지'를 위해 양반, 중인, 상민, 천민의 네 가지 신분 문서를 보여 준 후 모둠 내에서 뽑기로 신분을 미리 정해 두었다.

양반에서 천민까지(1차시)

활동 및 내용	교과 및 시수
○체험으로 알아보는 조선의 신분제 : 신분제도 체험 안내(사전) ○스피드 퀴즈 ○신분 일기 쓰기 ○조선의 신분제 정리하기	사회1

신분 체험하기   신분 일기

'양반에서 천민까지'는 담임 선생님들의 협조로 지난 시간 미리 정한 신분에 따라 각 학반에서 아침 자습 시간부터 신분 체험을 했다. 신분 문서의 규정에 따라 서로 말할 때 존대와 하대, 책상 사용, 역할 분담 등을 지키면서 생활했는데 실제 체험한 시간은 아침 자습 시간부터 필자의 수업 시간까지 그리 길지 않아 아쉬

웠다(필자 수업은 3~6교시). 담임 선생님이라면 오전 내내 혹은 하루 정도 체험을 하면 좋을 것이다.

필자 수업에서는 먼저 스피드 퀴즈로 교과서 내용을 확인한 후 신분 체험에 대한 생각과 느낌을 '신분 일기'로 정리하여 발표했다. 마지막으로 필자가 조선 신분제를 간단하게 설명하면서 수업을 마무리했다.

VICTORY Part 2 – 조선 편(3차시)

활동 및 내용	교과 및 시수
○스피드 퀴즈 ○7년 전쟁 : 임진왜란, 정유재란 ○인조의 고민 : 병자호란의 시작(1) ○역사 토론 : 남한산성에서 한 선택(주화파 vs 주전파)(2) ★평가6	사회3

'VICTORY Part 2 – 조선 편'은 먼저 스피드 퀴즈로 교과서 내용을 확인한 후 임진왜란과 정유재란 내용을 담고 있는 '7년 전쟁'을 PPT로 설명했다. 이어 인조반정과 병자호란의 전개 과정을 '인조의 고민' PPT로 설명한 후 청 황제의 최후 통첩을 받은 인조에게 고하는 주화파 최명길과 주전파 김상헌의 주장을 소개하면서 '청나라에 항복해야 하는가?'를 주제로 두 번째 역사 토론을 하자고 했다.

먼저 '토론을 위한 플러스마이너스 학습지'를 작성했는데 각 항목당 3개 이상을 작성하도록 했다. 하나하나 검사하면서(★평가6) 피드백을 주고 수정·보완하도록 했다. 플러스마이너스 학습지를 꼼꼼하게 작성하는 것이 토론 수준을 높이는 큰 요인이라고 생각하여 이번 토론에서는 수업 시간을 활용하여 학습지를 작성하고 보완하도록 했다. 이어 본격적인 토론을 위해 토론 역할을 나누었는데 첫 번째 역사 토론에서 한 역할과 중복되지 않게 배정하려고 최대한 노력했다. 이후 다음 시간에 있을 두 번째 역사 토론을 위해 찬성 토론자와 반대 토론자에게는 미리 '사전 협의'를 가질 수 있도록 안내했다. 쉬는 시간이나 점심시간을 이용하여 자신들 의견을 뒷받침할 수 있는 근거를 찾고 상대방 근거에 대해 반박할 수 있는 자료도 찾도록 했다. 엉망이 된 첫 번째 토론으로 미리 토론을 준비하는 것이 얼마나 중요한지 알게 되어서인지 토론 팀끼리 모여 자율적으로 팀 협의를 몇 차례 가지는 모습이었다.

실제 토론에서는 이런 탄탄한 사전 준비 덕분에 토론이 아주 알차게 진행되었다. 질의응답 단계에서는 질의와 응답이 치열하여 시간을 좀 더 주면서 토론을 진행했다. 마지막으로 판정단의 판정을 들으며 토론을 마무리했다(★평가6).

프로젝트 닫기(1차시)

활동 및 내용	교과 및 시수
ㅇ프로젝트 되돌아보기 ㅇ프로젝트 성찰 일지 쓰기	사회1

〈역사야, 놀자 1〉 프로젝트 닫기에서는 그동안 진행한 〈역사야, 놀자 1〉 수업을 같이 되돌아본 후 성찰 일지를 작성했다. 이후 반별로 남는 시간에 따라서 문항을 선택하여 다른 친구들 의견을 들어 보며 전체 수업을 마무리했다.

프로젝트 돌아보기

〈역사야, 놀자 1〉 프로젝트에서 필자가 기억하는 부분은 '허덕허덕'이다. 사회 교과만으로 수업을 만들어야 하는 상황이어서 프로젝트 수업으로 계획하기도 힘들었고 교과서 진도대로 나가기 싫어 나름 재구성했음에도 항상 시간에 쫓기면서 허덕허덕 수업을 할 수밖에 없었다. 대부분의 수업을 시간 안에 끝내지 못해 과제로 제시하고 다음 시간에 확인하는 것을 반복하기 일쑤였다. 담임 선생님이라면 국어 교과를 통합해서 좀 더 시간을 확보하여 여유롭게 수업할 수 있을 것이다. 특히 '3단원 의견을 조정하며 토의해요', '6단원 타당성을 생각하며 토론해요', '7단원 중요한 내용을 요약해요'를 활용하면 좋을 것이다.

〈역사야, 놀자 1〉 프로젝트는 '시대의 대표적 유물과 유적을 통한 역사적 이미지로 명확하게 기억되는 역사 + 역사 인물을 통해 그 시대 사람과 삶을 이해하고 공감하는 사람을 만나는 인문학으로의 역사'라는 콘셉트로 수업을 구성하려고 노력했다. 다음 표가 선생님들의 좀 더 나은 수업에 참고가 되었으면 한다.

유물 유적(역사적 이미지) + 역사 인물(사람을 만나는 인문학)

		역사적 이미지로 기억되는 역사		사람을 만나는 인문학	
		대표 유물·유적	추가 유물·유적	대표 역사 인물	추가 인물
구석기		주먹도끼(연천) - 아슐리안	뗀석기(슴베찌르개) / 동굴(평양 검은모루) 공주 석장리, 단양 수양개	1. 역사란? 2. 구석기 vs 신석기(연표)	
신석기		빗살무늬토기	간석기(갈돌과 갈판, 돌낫과 돌괭이), 가락바퀴 등 움집, 반구대 암각화, 덧띠무늬토기		
고조선 (청동기)		고인돌[문화유산]	청동검(비파형-세형), 청동거울(조문경-세문경), 청동방울, 농경문 청동기, 민무늬토기	단군	위만
원삼국시대 (철기)			가마와 물레(삼국의 도기-특히 가야의 상형도기)		
사국시대	고구려	광개토대왕릉비 고분벽화[문화유산]	충주 고구려비, 금동연가7년명 여래입상, 다카마쓰 고분(일본)	주몽, 광개토대왕, 연개소문	장수왕, 을지문덕
	백제	무령왕릉 금동대향로	백제역사유적지구[문화유산] - 공주, 부여, 익산 서산마애, 미스백제(규암), 백제 관음(일본)	온조, 근초고왕, 의자왕	비류, 계백
	신라	금관 6개 미륵반가사유상 (78, 83호)	경주역사유적지구[문화유산] -첨성대, 황룡사, 분황사, 남산 등 / 진흥왕 순수비 일본 교토 고류지의 목조반가사유상	박혁거세, 진흥왕	김유신, 김춘추, 선덕여왕
	가야	철기, 도기	금관 2개, 금동관 6개, 가야금	김수로	
남북국시대	신라	불국사, 석굴암 [문화유산]	에밀레종, 무구정광대다라니경, 3층석탑	문무왕, 경덕왕	원효, 의상, 장보고
	발해	흥륭사 석등 영광탑	정혜공주 무덤, 정효공주무덤의 벽화	대조영	무왕, 문왕, 선왕
후삼국시대				견훤, 궁예	
고려		청자(비색, 상감)	팔만대장경, 직지 / 고려불상, 탑, 수월관음도	왕건, 서희, 강감찬	공민왕, 최영
조선		훈민정음, 궁궐	백자, 실록, 초상화(그림) 남한산성, 종묘/창덕궁 [문화유산]	이성계, 정도전, 세종, 이순신	이방원, 장영실

유물 유적 + 역사 인물 표

〈역사야, 놀자 1〉 프로젝트는 2021년에 계획하여 실천하고 기록한 역사 프로젝트다.

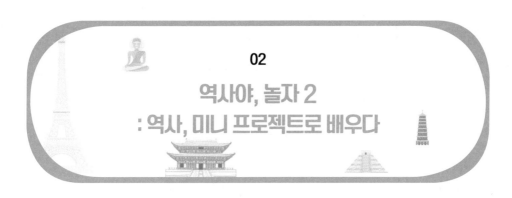

02
역사야, 놀자 2
: 역사, 미니 프로젝트로 배우다

STEP1 **프로젝트 설계하기**

〈역사야, 놀자 2〉 프로젝트는?

　현재 초등 역사 수업은 5학년 2학기에만 있어 한 학기 만에 한국사 전체를 가르쳐야 하는 실정이다. 또 너무나 압축적으로 제시된 교과서 내용 때문에 통사조차도 제대로 가르칠 수 없는 형편이다. 이런 상황에서 어떻게 하면 한국사를 좀 더 재미있고 제대로 가르칠 수 있을까?

　조선 후기부터 일제 강점기까지 역사를 살펴보면 너무나 많은 사건과 인물이 쏟아져 나와 역사 흐름조차도 이해하기가 쉽지 않다. 이에 시대를 영조와 정조, 흥선대원군(세도 정치), 고종 1~2기, 순종, 일제 강점기로 크게 구분하고 그 시대를 대표할 수 있는 역사적 인물이나 사건에 초점을 두었다. 다음으로 6차시 내외의 미니 프로젝트 수업을 구성하여 전체적인 역사 흐름을 이해할 수 있는 수업을 하고자 했다. 이처럼 〈역사야, 놀자 2〉는 개별적인 역사 사실을 외우기보다는 전체적인 역사 흐름을 이해하고 역사에 자기만의 해석을 하는 프로젝트다.

프로젝트 수업 한눈에 보기

활동 주제	활동 및 내용	교과	시수
프로젝트 열기	○역사야, 놀자 2 수업 안내하기	사회	1
정조대왕과 조선의 르네상스	○정조의 조선 르네상스를 찾아라 · 사회 편 – 실학자 열전 · 문화 편 – 수원화성과 서민 문화 : 이젤패드로 발표 · 풍속화로 읽는 조선 르네상스	사회 국어	5
운현궁 10년 그리고 경복궁 20년	○운현궁 10년 이야기 · 흥선대원군 정책 알아보고 토론학습지 작성하기 · 흥선대원군 정책에 대한 토론하기 ○경복궁 20년 이야기 · 강화도 조약, 갑신정변, 을미사변 등 조사하여 발표하기	사회 국어	6
고종의 꿈, 덕수궁 프로젝트	○5대 궁궐과 덕수궁 돌담길 이야기 ○고종, 꿈을 꾸다 · 낱말의 뜻 짐작하기, 글 요약하기 · 고종의 꿈은? ○백성, 꿈을 꾸다 · 낱말의 뜻 짐작하기, 글 요약하기 · 백성의 꿈은?	사회 국어	6
대한민국 임시 정부史	○일제, 조선을 통치하다 · 일제의 통치 방식 변화 알아보기 ○나의 대한민국 임시 정부 백과사전 · 대한민국 임시 정부에 대해 조사하여 정리하기	사회 국어	7

	O대한민국 임시 정부史 편찬하기
	· 편찬 분과 정하기, 편찬 계획서 작성하기
	· 임시 정부史 편찬하기
	· 편찬한 임시 정부史 발표하기
	· 임정에 대한 자기 생각 정리하기

		교과	시수
프로젝트 닫기	O프로젝트 되돌아보기 O프로젝트 성찰 일지 쓰기	사회	1

교과서 관련 단원 및 시수

교과	단원(주제)		시수
사회	2. 사회의 새로운 변화와 오늘날의 우리	①새로운 사회를 향한 움직임 ②일제의 침략과 광복을 위한 노력	18
국어	7. 중요한 내용을 요약해요		8
계			26

평가

순	교과	성취 기준	평가 문항	평가 방법
1	사회	[6사04-01] 영·정조 시기의 개혁 정치와 서민 문화의 발달을 중심으로 조선 후기 사회와 문화의 변화 모습을 탐색한다.	'정조대왕과 조선의 르네상스'를 통해 조선 후기 사회와 문화의 변화 모습을 바르게 이해하는가?	실학자 열전 학습지, 이젤패드 발표 자료
2		[6사04-02] 조선 사회의 모순을 극복하기 위해 개혁을 시도한 인물(정약용, 흥선대원군, 김옥균과 전봉준 등)의 활동을 중심으로 사회 변화를 위한 옛 사람들의 노력을 탐색한다.	'흥선대원군 정책 토론회와 경복궁 20년을 소개하라' 활동을 통해 조선 사회 모순을 극복하기 위한 개혁 활동을 이해하는가?	토론 장면 관찰, 이젤패드 발표 자료

3	사회	[6사04-03] 일제의 침략에 맞서 나라를 지키고자 노력한 인물(명성황후, 안중근, 신돌석 등)의 활동에 대해 조사한다.	'고종의 꿈, 덕수궁 프로젝트'를 통해 일제의 침략에 맞서 나라를 지키고자 노력한 인물의 활동을 정리하는가?	고종 꿈을 꾸다 학습지, 백성 꿈을 꾸다 학습지
4		[6사04-04] 광복을 위해 힘쓴 인물(이회영, 김구, 유관순, 신채호 등)의 활동을 파악하고, 나라를 되찾기 위한 노력을 소중히 여기는 태도를 기른다.	'대한민국 임시 정부史'를 통해 광복을 위해 힘쓴 임시 정부와 여러 인물들의 활동을 파악하는가?	임시 정부史 편찬 학습지, 이젤패드 발표 자료
5	국어	[6국02-02] 글의 구조를 고려하여 글 전체의 내용을 요약한다.	'고종, 꿈을 꾸다', '백성, 꿈을 꾸다' 읽기 자료를 읽고 내용을 요약하는가?	고종 꿈을 꾸다 학습지, 백성 꿈을 꾸다 학습지
6		[6국04-03] 낱말이 상황에 따라 다양하게 해석됨을 탐구한다.	'고종, 꿈을 꾸다', '백성, 꿈을 꾸다' 읽기 자료를 읽고 낱말의 뜻을 짐작하는가?	

프로젝트 실천하기

프로젝트 열기(1차시)

활동 및 내용	교과 및 시수
ㅇ프로젝트 안내하기 ㅇ프로젝트 활동 안내하기	사회1

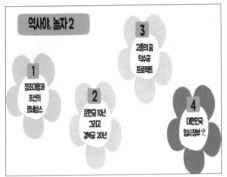

프로젝트 수업 순서

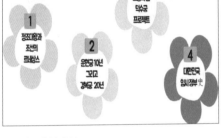

미니 프로젝트 수업 내용

〈역사야, 놀자 2〉 프로젝트는 사회 1단원 〈역사야, 놀자 1〉의 후속편으로 사회 2단원 중 주제 2개와 국어 7단원을 함께 공부한다는 것을 알려 주면서 시작했다. 먼저 역사란 사실을 외우는 학문이 아니라 사실을 해석하는 학문임을 설명한 후 미니 프로젝트 제목 4개를 순서대로 알려 주었고, 이어 각 미니 프로젝트의 주요 내용을 간단하게 안내했다.

정조대왕과 조선의 르네상스(5차시)

활동 및 내용	교과 및 시수
O 정조의 조선 르네상스를 찾아라 · 사회 편 – 실학자 열전⑴ ★평가1 · 문화 편 – 수원화성과 서민 문화 : 이젤패드로 발표⑶ ★평가1 · 풍속화로 읽는 조선 르네상스⑴	사회4 국어1

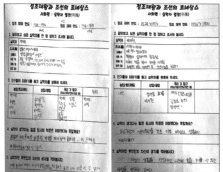

사회 편 : 실학자 열전 학습지

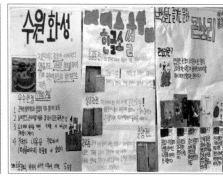

문화 편 : 모둠별 완성한 발표 자료

'정조대왕과 조선의 르네상스'는 1차시 '사회 편 – 실학자 열전'으로 시작했는데 조사하고 싶은 실학자 한 명의 이름을 알아 오라는 과제를 지난 시간에 미리 안내했다. 먼저 영조와 정조의 재위 연도를 안내하면서 앞으로 너희들이 조사하는 실학자들이 살았던 연도와 비교하라고 이야기했다. 이어 스마트 기기, 교실에 비치된 어린이 역사책을 활용하여 자기가 알아 온 실학자의 생몰년, 지은 책, 활동 및 업적 등을 10분 정도 주고는 간단하게 정리해 보라고 했다. 특히 이어지는 실학자 분류 활동을 위해 활동 및 업적에 초점을 두고 조사하라고 했다. 조사를 마친 후 먼저 모둠에서 실학자에 대한 조사 내용을 발표하고 농업·토지 제도, 상업·공업, 우리 것 탐구, 빈칸(기타)으로 실학자를 분류하도록 했다. 이어 학급 전체에서 자유롭게 돌아다니면서 친구들을 만나 자기가 조사한 내용을 설명하고 실학자 분류란에 관련 실학자들을 보충하도록 했다. 마지막으로 필자가 정리한 실학자 분류를 PPT로 설명한 후 교과서를 참고하여 실학이 왜 생겨났는지, 자기가 생각하는 실학이란 무엇인지 정리했다(★평가1).

2~4차시 '문화 편 – 수원화성과 서민 문화'는 교과서를 읽고 확인하는 스피드 퀴즈로 시작했다. 필자는 수업을 시작할 때 수업 주제와 관련된 교과서 내용을 3분 이내로 읽게 하고 그것을 문제로 내어 포스트잇에 답을 쓰고 확인하는 '스피드 퀴즈'를 자주 활용하는 편이다. 이어 PPT로 수원화성과 서민 문화(한글 소설, 탈춤, 판소리, 민화)를 간단하게 소개하면서 서민 문화가 생겨났다는 것은 당시 서민들의 삶이 문화를 즐길 만큼 향상되었음을 나타낸다고 말해 주었다.

본격적인 '정조의 르네상스를 소개하라' 활동을 위해 먼저 모둠별로 수원화성, 한글 소설, 탈춤, 판소리, 민화 중 하나를 선택하도록 했다. 이어 주제마다 꼭 들어가야 할 조사 항목을 제시해 주면서 모둠별로 관련 내용을 조사하여 이젤패드에 정리하도록 했다(★평가1). 이젤패드에 사용할 사진은 모둠별 조사 내용에 따라 달라지기 때문에 아이들이 요청하는 사진을 필자가 원하는 크기대로 작업하여 출력해 주었다. 발표 자료를 다 완성한 후에는 발표 연습할 시간을 짧게 주었다. 이후 둘 가고 둘 남기 갤러리 워킹으로 소개 활동을 하며 수업을 마무리했다.

5차시 '풍속화로 읽는 조선 르네상스'는 김홍도의 풍속화 〈씨름〉을 아이들과 함께 읽으면서 시작했다. 〈씨름〉이라는 그림을 통해 알 수 있는 '사실', 그것으로 '추론'할 수 있는 것, 그림을 보면서 '상상'할 수 있는 것과 자기가 생각하는 그림 '제목', 그림에서 찾을 수 있는 '조선 르네상스' 모습은 무엇인지 생각하게 하

면서 그림은 수동적으로 보는 것에 그치지 않고 능동적으로 읽는 것이라고 설명
했다. 이어 김홍도의 여러 풍속화를 칠판에 붙여 놓고 모둠에서 하나를 선택하여
협의를 통해 그림 읽기(제목, 사실 3개, 추론 2개, 상상 1개, 조선의 르네상스)를 하고 모둠 화
이트보드에 내용을 정리한 후 발표하도록 했다.

　　마지막으로 '정조대왕과 조선의 르네상스' 미니 프로젝트의 전체 마무리 활동
으로 정조 시대 조선의 르네상스에 대한 자기 생각을 정리하면서 수업을 마무리
했다.

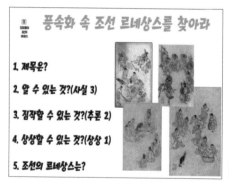

풍속화 읽기 설명 자료

풍속화 읽기 모둠 발표 자료

운현궁 10년 그리고 경복궁 20년(6차시)

활동 및 내용	교과 및 시수
○운현궁 10년 이야기 ・흥선대원군 정책 알아보고 토론학습지 작성하기(1+과제) ・흥선대원군 정책에 대한 토론하기(2) ★평가2 ○경복궁 20년 이야기 ・강화도 조약, 갑신정변, 을미사변 등 조사하여 발표하기(3) ★평가2	사회5 국어1

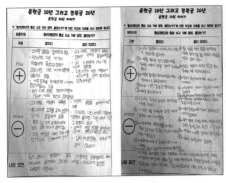

토론용 플러스마이너스 학습지　　　　　흥선대원군 정책 토론회

　'운현궁 10년 그리고 경복궁 20년'은 정조 사후 60년간 세도 정치와 이어지는 흥선대원군 시기에 대한 '운현궁 10년 이야기'로 시작했다. 1차시는 먼저 스피드 퀴즈로 교과서 내용을 간략하게 살펴본 후 세도 정치에 관한 동영상과 흥선대원군의 국내 개혁 정책에 대한 동영상을 시청했다. 이어 병인양요와 신미양요를 설명한 후 흥선대원군의 국외 정책은 '통상 수교 거부 정책'이라고 정리해 주었다. 이후 다음 시간에는 '흥선대원군의 통상 수교 거부 정책은 옳았는가?'로 정책 토론회를 한다고 안내하며 '토론용 플러스마이너스 학습지'를 과제로 내면서 수업을 마무리했다.

　2~3차시는 지난 시간 과제로 내 준 '플러스마이너스 학습지'를 확인하면서 시작했다. 이어 사회자, 토론자, 배심원으로 역할을 나누었고 토론 절차(주장 펼치기 – 작전 타임 – 반론하기 – 작전 타임 – 주장 다지기 – 배심원 판정)를 설명했다. 그리고는 각 역할에 따라 토론을 준비할 시간을 15분 정도 주었다. 토론 준비를 마친 후 사회자 진행에 따라 토론을 진행했고 배심원의 판정을 모두 들으며 수업을 마무리했다(★평가2).

토론 수업은 토론자의 준비 정도에 따라 토론 수준이 결정되기 때문에 시간이 된다면 토론자끼리 모여서 몇 번의 작전 타임 시간을 미리 갖게 한다면 더 좋을 것이다. 특히 역사 토론 수업은 더더욱 역사적 사실에 대한 폭넓은 지식이 있어야 하기 때문에 모임 시간을 넉넉히 주면 좋다.

'경복궁 20년 이야기'는 흥선대원군이 물러나고 고종이 친정을 하는 과정을 설명하면서 시작했다. 4차시는 먼저 스피드 퀴즈로 교과서 내용을 간략히 살펴본 후 경복궁 20년(1873~1896년)에 있었던 주요 사건인 강화도 조약, 갑신정변, 동학농민운동, 을미사변, 아관파천 중 하나를 모둠에서 선택하도록 했다. 이어 '경복궁 20년을 소개하라 학습지'에 선택한 사건과 관련된 내용을 개별로 간단하게 조사하여 정리하고 검사받도록 했다. 앞서 '정조의 르네상스를 소개하라' 활동에서는 개별 정리를 하지 않고 이젤패드에 바로 정리하도록 했는데, 노는 아이들이 더러 보여서 이번에는 개별 정리 후 모둠 이젤패드 정리의 순으로 진행했다.

5~6차시에는 모둠별로 이젤패드를 나누어 주면서 사건을 정리할 때 제목, 사건의 연도, 사건의 원인·경과·결과가 꼭 들어가야 한다고 했다. 특히 사건을 원인·경과·결과로 나누어서 정리해 보는 것이 이번 수업의 핵심이라고 강조했다 (★평가2). 발표 자료를 완성한 모둠은 바로 발표 연습을 했고 이후 둘 가고 둘 남기로 갤러리 워킹 활동을 했는데 '경복궁 20년을 소개하라 학습지'에 다른 모둠의 설명을 들은 후 각 사건의 원인·경과·결과를 개별로 정리하도록 했다. 첫째 반에서는 다른 모둠의 설명을 들으며 곧바로 정리하도록 했는데, 아이들이 설명을 듣기보다는 학습지를 정리하는 데 더 집중하는 모습을 보였다. 그래서 둘째 반부터는 둘 가고 둘 남기 갤러리 워킹을 두 번 진행하여 먼저 설명과 질의응답을 마친 후 사건의 원인·경과·결과와 사건에 대한 자기 생각을 정리하기 위한 모둠 전

체가 옮겨 가는 갤러리 워킹을 한 번 더 실시했다.

마지막으로 강화도 조약부터 아관파천까지 역사적 흐름을 이야기로 풀어서 정리한 후 흥선대원군과 고종에 대한 자기 생각을 정리하는 것으로 수업을 마무리했다.

모둠별 완성한 발표 자료

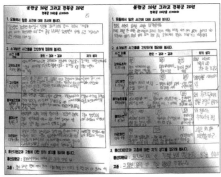

경복궁 20년을 소개하라 학습지

고종의 꿈, 덕수궁 프로젝트(6차시)

활동 및 내용	교과 및 시수
○5대 궁궐과 덕수궁 돌담길 이야기 · 5대 궁궐(경복궁, 창덕궁, 창경궁, 덕수궁, 경희궁)과 덕수궁 돌담길(1) ○고종, 꿈을 꾸다 · 낱말의 뜻 짐작하기, 글 요약하기 ★평가3,5,6 　– 낱말의 뜻 짐작하는 방법 알기, 글 요약하는 방법 알기(국어 교과서) 　– 대한제국, 러일전쟁, 을사늑약, 헤이그 특사(읽기 자료) · 고종의 꿈은?(0.5)	사회3 국어3

O 백성, 꿈을 꾸다

  · 낱말의 뜻 짐작하기, 글 요약하기(1.5) ★평가3,5,6
    – 항일 의병 운동, 안중근, 애국 계몽 운동, 국채 보상 운동(읽기 자료)
  · 백성의 꿈은?(0.5)

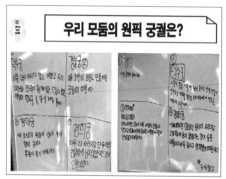

우리 모둠의 원픽 궁궐

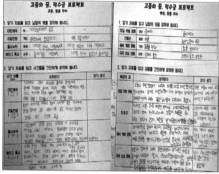

낱말의 뜻 짐작하기, 글 요약하기

　1차시 '5대 궁궐과 덕수궁 돌담길 이야기'는 먼저 PPT로 경복궁, 창덕궁, 창경궁, 덕수궁, 경희궁의 5대 궁궐을 설명한 후 나의 원픽 궁궐을 선택하고 그 이유를 포스트잇에 적어 모둠에서 발표하도록 했다. 이어 협의를 통해 모둠의 원픽 궁궐과 이유를 화이트보드에 적어 전체 발표를 했다. 마지막으로 덕수궁 돌담길과 정동길을 설명하고 을사늑약의 장소 중명전과 고종의 길(아관파천의 길)을 소개하며 수업을 마무리했다.

　2~4차시 '고종, 꿈을 꾸다'는 관련 내용에 대한 스피드 퀴즈를 한 후 국어 교과서(5-2 나)로 낱말의 뜻을 짐작하는 방법을 알아보는 것으로 시작했다. 개별 → 모둠 → 학급 순으로 짐작한 낱말의 뜻을 발표하고 공유하면서 문장 의미가 가장 자연스러운 것을 찾을 수 있도록 설명했다. 이어 '고종의 꿈 읽기 자료(대한제국, 러일

전쟁, 을사늑약, 헤이그 특사'에 있는 낱말의 뜻을 짐작하는 활동을 했는데 교과서와 마찬가지로 개별 → 모둠 → 학급 순으로 짐작한 낱말의 뜻을 공유했다(★평가6).

글을 요약하는 방법 알기 역시 국어 교과서에 제시된 예시 글을 활용하여 글을 요약하는 방법과 잘 요약했는지 확인할 수 있는 평가 기준 세 가지를 설명했다. 이어 '고종의 꿈 읽기 자료'의 네 가지 사건을 학습지에 요약하여 검사받도록 했다. 이후 학급에서 자유롭게 돌아다니며 자기가 요약한 내용을 친구들에게 설명하고 확인 사인을 받도록 했다(★평가3,5). 각 사건별로 2분간 시간을 주었으며, 확인 사인은 모두 다른 사람에게 받아야 한다고 안내했고, 활동이 끝난 후 각 사건에 대한 자기 생각을 쓰도록 했다.

이어 '고종의 꿈 읽기 자료'에 있는 네 사건을 연결하여 역사 흐름을 이해할 수 있도록 스토리텔링해 주었다. 헤이그 특사를 설명하면서 자연스럽게 고종이 보낸 친서를 한번 살펴보자며 '고종 친서 학습지'를 나누어 주었다. 학습지로는 고종이 보낸 친서 내용을 알아보면서 앞서 배운 낱말의 뜻과 글 요약하기를 한 번 더 했는데, 친서 내용이 어려워서 아이들이 힘들어 했다. 마지막으로 고종의 꿈이 무엇이었는지 찾아보고 고종이라는 인물에 대한 자기 생각을 정리하는 것으로 수업을 마무리했다.

5~6차시 '백성, 꿈을 꾸다'는 '고종, 꿈을 꾸다'와 똑같은 흐름으로 수업을 진행했다. '백성 꿈을 꾸다 읽기 자료(항일 의병 운동, 안중근, 애국 계몽 운동, 국채 보상 운동)'로 먼저 낱말의 뜻을 짐작하고 모둠, 학급 순으로 공유했다(★평가6). 이어 읽기 자료를 요약하게 한 후 검사를 받도록 하고는 친구에게 설명하고 사인받게 했다(★평가3,5).

백성의 꿈을 찾기 위해 읽기 자료에 있는 네 가지 사건에서 느낀 자기 생각을 쓰게 했다. 필자가 항일 의병 운동에서 국채 보상 운동을 간략하게 스토리텔링해 준 후 백성의 꿈을 찾아보고 그것에 대한 자기 생각을 정리하도록 했다. 마지막으로는 고종과 백성의 꿈임에도 결국 나라를 빼앗기게 된다고 설명하면서 경술국치에 대한 자기 생각을 정리하는 것으로 수업을 마무리했다.

고종의 꿈, 덕수궁 프로젝트
백성, 꿈을 꾸다 읽기 자료

항일 의병 운동

일제에 대항한 의병은 을미사변이 일어나고 단발령이 내려지자 이에 반발한 지방 유생들과 농민들을 중심으로 처음 일어났다(을미의병, 1895년). 여러 혼란 속에서 단발령이 취소되고 고종이 러시아 공사관으로 피신한 뒤 해산 명령이 내려와 의병은 스스로 해산했다.
그러나 을사늑약이 강제로 체결되자 전국 각지에서 의병이 다시 일어났다(을사의병, 1905년). 이들은 을사늑약의 폐기를 요구하며 격렬한 무장투쟁을 전개했다. 이 시기 의병 활동에는 농민들도 적극적으로 참여하면서 태백산 호랑이라는 별명을 가진 신돌석과 같은 평민 출신의 의병장들이 등장했다.
고종이 강제로 물러나고 대한 제국의 군대가 전국 각지에서 의병 운동이 한층 강하게 전개되었다(정미의병, 1907년). 일제는 대대적으로 의병 운동을 탄압했고, 이에 많은 의병이 다치거나 죽었고 살아남은 의병들은 만주나 연해주로 이동해 항일 투쟁을 이어 갔다.

안중근

안중근은 을사늑약이 체결되자 학교를 세워 인재 양성에 힘썼어요. 그러나 애국 계몽 운동만으로는 나라를 지킬 수 없다고 판단하고 1907년에 연해주로 망명해 의병 운동에 참가했어요. 1909년 우리나라 침략에 앞장섰던 이토 히로부미가 러시아 재무 장관과 회담을 하려고 만주 하얼빈에 온다는 소식을 듣고 그를 암살할 준비를 했어요.
1909년 10월 26일 하얼빈 역에서 이토 히로부미를 총으로 쏘아 죽이고 그 자리에서 러시아 경찰에 체포된 뒤 일본에 넘겨져 감옥에 갇히게 되었어요. 재판 과정에서 안중근은 '내가 이토를 죽인 것은 그가 동양의 평화를 어지럽히는 자이기 때문이며 군인 일이다. 결코 일개 자객이 저지른 일이 아니다.'라고 말했어요.
하지만 사형 선고를 받은 뒤 한 달여 만인 1910년 뤼순 감옥에서 사형을 당했어요. 해방 이후 사람들은 그의 유해를 고국으로 모시고자 했으나 묻힌 곳의 흔적이 사라지면서 그 일은 불가능해졌어요.

백성, 꿈을 꾸다 읽기 자료

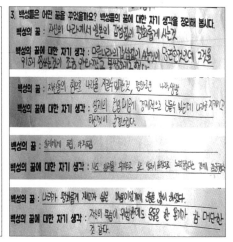

백성, 꿈을 꾸다 학습지

대한민국 임시 정부史(7차시)

활동 및 내용	교과 및 시수
〇일제, 조선을 통치하다	
· 일제의 통치 방식 변화 알아보기(1)	사회4
〇나의 대한민국 임시 정부 백과사전	국어3
· 대한민국 임시 정부에 대해 조사하여 정리하기(2)	

O대한민국 임시 정부史 편찬하기

· 편찬 분과 정하기, 편찬 계획서 작성하기⑴

· 임시 정부史 편찬하기⑵ ★평가4

· 편찬한 임시 정부史 발표하기⑴

· 임정에 대한 자기 생각 정리하기

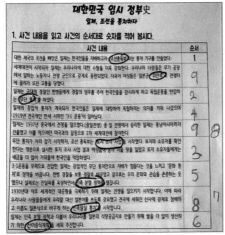

일제, 조선을 통치하다 학습지　　　　　　　나의 대한민국 임시 정부 백과사전 학습지

'대한민국 임시 정부史'는 일제 통치 방식의 변화를 알아보는 '일제, 조선을 통치하다'로 시작했다. 스피드 퀴즈로 교과서 내용을 살펴본 후 '일제, 조선을 통치하다 학습지'를 나누어 주었다(『한국사 놀이 수업 백과』 중 정한식 선생님의 '그래서 사과는 언제 할 거야?' 활용).

먼저 개별로 교과서를 참고하면서 사건 내용 9개를 읽고 사건이 일어난 순서대로 빈칸에 숫자를 적게 했으며, 이어 모둠에서 협의하여 사건 순서를 자기가 쓴

숫자 옆에 적도록 했다. 정답자가 반별로 2~4명 정도밖에 나오지 않았는데 순서 힌트를 중간에 하나 더 주었으면 어땠을까 하고 생각했다(학습지에는 '순서 1'만 힌트로 주어져 있다). 이어 국내외 상황에 따라 일제의 통치 시기를 세 부분으로 나눈 것을 설명한 후 앞서 순서대로 배열한 사건 내용을 참고하여 세 부분에 해당되는 관련 내용을 정리하도록 했다. 답을 확인해 보면서 전체적인 통치 변화를 설명해 주었고 '왜 일제의 통치 방식이 바뀌었을까?'에 대한 자기 생각을 적으면서 수업을 마무리했다.

2~3차시 '나의 대한민국 임시 정부 백과사전'은 임시 정부史를 편찬하기에 앞서 아이들이 임시 정부에 대해 조사한 것을 친구들에게 설명하면서 자연스럽게 임시 정부를 알게 하는 시간이었다.

먼저 임시 정부 관련 동영상을 하나 본 후 책(교과서, 필자가 가지고 있는 역사책, 도서관에서 빌린 역사책)과 태블릿(유튜브, 검색)을 활용하여 임시 정부에 대해 다섯 가지 관련 자료를 조사하고 정리하여 검사받도록 했다. 특히 책은 '고종의 꿈 덕수궁 프로젝트' 내용 요약하기 방법을 생각하면서 최소한 2개는 정리하도록 안내했다. 검사가 끝난 후에는 학급에서 자유롭게 돌아다니며 자기가 정리한 내용을 친구들에게 설명하고 확인란에 사인을 받도록 했다.

4차시는 편찬 분과를 정하고 편찬 계획서를 작성했다. '나의 대한민국 임시 정부 백과사전'으로 알게 된 내용을 바탕으로 모둠에서 협의하여 '임정의 탄생, 임정 헌법과 기구, 임정의 활동 1(1919~1932년), 임정의 활동 2(1932~1945년), 임정의 인물과 의의' 등 다섯 분과 중 하나를 선택하도록 했다. 이어 모둠에서 맡은 분과와 관련된 내용을 간단하게 조사하여 정리하고 편찬 목차와 역할 분담을 정하는 분과 편찬 계획서를 작성했다.

5~6차시는 편찬 계획서에 따라 관련 내용을 자세하게 조사하고 정리하여 분과별 대한민국 임시 정부史를 편찬하고 이를 바탕으로 이젤패드에 발표 자료를 만들도록 했다(★평가④).

7차시는 분과 순서대로 나와 전체 앞에서 발표하고 질의응답을 하게 했다. 그러고는 필자가 일제 통치 방식에 따른 임시 정부의 역할과 독립운동 변화를 설명해 주었고, 임시 정부에 대한 자기 생각과 느낌을 쓰는 것으로 수업을 마무리했다.

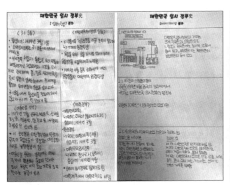

편찬한 임시 정부史

임시 정부史 발표하기

프로젝트 닫기(1차시)

활동 및 내용	교과 및 시수
○프로젝트 되돌아보기 ○프로젝트 성찰 일지 쓰기	사회1

'프로젝트 닫기'에서는 그동안 진행한 네 가지 미니 프로젝트를 같이 되돌아본 후 성찰 일지를 작성했다. 성찰 일지에는 가장 재미있었던 미니 프로젝트, 가장 재

미없었던 미니 프로젝트, 가장 잘했다고 생각되는 미니 프로젝트를 물어보았고, 프로젝트에 대한 평가를 점수로 매겨 보도록 했다.

또 수업을 하면서 알게 된 점과 느낀 점을 쓰고 좀 더 좋은 수업을 하는 선생님이 될 수 있도록 선생님에게 하고 싶은 말을 자유롭게 쓰도록 했다. 마지막으로 반별로 남는 시간에 따라서 문항을 선택하여 다른 친구들 의견을 들어 보면서 수업을 마무리했다.

프로젝트 돌아보기

허덕허덕했던 2021년 〈역사야, 놀자 1〉 프로젝트에서 힘들었던 경험 때문에 2022년에는 담임 선생님들께는 미안했지만 사회 2단원 소주제 3개 중 2개와 국어 한 단원을 가져와서 미니 프로젝트 4개를 구성하여 프로젝트를 진행했다. 〈역사야, 놀자 1〉 수업보다 훨씬 여유롭게 프로젝트를 할 수 있었던 것 같다.

'풍속화로 읽는 조선 르네상스'는 두 가지 방법으로 진행 가능하다. 첫 번째는 모둠별로 각기 다른 그림을 선택하여 다양한 그림으로 읽기를 하는 것이고, 두 번째는 공통된 하나의 그림으로 다양한 그림 읽기를 하는 것이다. 필자는 2022년 수석교사 수업 공개를 본 수업으로 했는데 공개하지 않은 세 반은 첫 번째 방법으로, 공개한 한 반은 두 번째 방법으로 수업했다. 첫 번째는 여러 그림 속에 담긴 르네상스의 모습을 찾아보면서 폭넓은 읽기를 할 수 있었고, 두 번째는 서로 그림 읽기를 비교해 보면서 깊이 있는 읽기를 할 수 있었던 것 같다.

선생님이라면 어떤 방법을 선택할 것인가요?

〈역사야, 놀자 2〉 프로젝트는 2022년에 계획하여 실천하고 기록한 역사 프로젝트다.

4부

6학년 사회 프로젝트
수업 이야기

00

'어떻게 6학년 사회 프로젝트 수업을 실천했을까'가 궁금하다면?

4부는 그동안 실천했던 6학년 사회 프로젝트 수업 계획과 실천 결과들을 정리한 것이다. 〈사회야, 놀자〉는 2021년, 〈대한민국 대통령史를 편찬하라〉는 2022년에 계획하고 실천한 프로젝트다.

학기	프로젝트	과목	차시	관련 사회 단원 및 주제
1	대한민국 대통령史를 편찬하라	사회	26	1단원 우리나라의 정치 발전 · 민주주의의 발전과 시민 참여 · 민주 정치의 원리와 국가 기관의 역할 2단원 우리나라의 경제 발전 · 우리나라의 경제 성장
2	사회야, 놀자	사회, 도덕	30	2단원 통일 한국의 미래와 지구촌의 평화

6학년 1학기 사회는 1단원 우리나라의 정치 발전, 2단원 우리나라의 경제 발전으로 구성되어 있다. 필자의 〈대한민국 대통령史를 편찬하라〉 프로젝트는 1단원에서 두 주제, 2단원에서 한 주제를 뽑아 구성한 것이다. 2학기 2단원 통일 한국의 미래와 지구촌의 평화는 도덕 교과에도 같은 주제가 있기 때문에 연계하여 구성하면 좋다.

이 책에 담지 못한 6학년 사회 단원, 해당 단원의 수업 아이디어를 정리하면 다음과 같다.

학기	단원 및 주제	수업 아이디어
1	1단원 우리나라의 정치 발전 · 일상생활과 민주주의	· 학급 회의 및 학년 회의를 통한 문제 해결 (학기 초 학급 규칙 만들기 등)
	2단원 우리나라의 경제 발전 · 우리나라의 경제 체제 특징 · 세계 속의 우리나라 경제	· 경제 체제(자유, 평등, 공정) 및 무역 놀이
2	1단원 세계 여러 나라의 자연과 문화	· 세계 여행 프로젝트(지구별 여행자, 진천 Lonely Planet)

01

대한민국 대통령史를 편찬하라
: 현대사를 이해하고 판단하다

STEP1 **프로젝트 설계하기**

〈대한민국 대통령史를 편찬하라〉 프로젝트는?

　우리나라는 해방 이후 경제 성장과 더불어 단시간 만에 민주주의를 발전시켰다. 이런 압축적 성장과 급격한 발전으로 현재 우리나라 현대사에 대한 사회적 합의는 제대로 진행되지 않고 세대, 지역, 성, 정치 성향 등에 따라 서로 다른 목소리들이 다투고 있다. 이런 혼란스러운 상황 속에서 우리 아이들에게 현대사를 어떻게 가르쳐야 할까?

　아이들이 역대 대통령을 중심으로 우리나라 민주주의의 발전 과정과 경제 성장 과정을 조사·정리하고 토론하는 과정을 거쳐 스스로 우리나라 현대사를 이해하고 판단하는 학습이 필요하다고 생각했다.

이처럼 '대한민국 대통령史를 편찬하라'는 대통령을 중심으로 정치와 경제 발전을 조사하고 해석함으로써 자신의 관점으로 우리나라 현대사 흐름을 이해할 수 있는 프로젝트다.

프로젝트 수업 한눈에 보기

활동 주제	탐구 질문	활동 및 내용	교과	시수
프로젝트 열기		○대선 결과 및 역대 대통령을 보며 동기 유발하기 ○프로젝트 안내하기		1
		○대한민국 대통령史 편찬 위원회 발족식 개최 · 대통령史 편찬 위원회 결성하기 · 편찬 위원회 편찬 계획서 작성하기 · 발족식 개최하기		2
대통령史 편찬 – 정치 편	주요 정치 사건은 어떤 것이 있는가? 권력 분립은 어떻게 이루어지고 있는가?	○해당 대통령 시기 주요 정치 사건 조사 및 정리하기 ○대통령별 권력 분립 현황 파악하기 ○민주주의 발전 과정 이해하기 · 민주주의 지수로 민주주의 발전 과정 이해하기 ○대통령史 정치 편 편찬하기	사회	12
대통령史 편찬 – 경제 편	경제 성장 현황은 어떤가? 경제 성장에서 나타나는 문제점에는 어떤 것이 있는가?	○해당 대통령 시기 경제 성장 현황 및 문제점 정리하기 ○경제 성장 과정 이해하기 · 경제 지수로 경제 성장 과정 이해하기 ○대통령史 경제 편 편찬하기		8
대한민국 대통령史 편찬 기념회	편찬한 대통령史를 어떻게 발표할 것인가?	○대한민국 대통령史 편찬 기념회 개최 · 편찬 기념회 리허설하기 · 대한민국 대통령史 발표하기 · 대한민국 정치, 경제의 발전 과정 정리하기		2
프로젝트 닫기		○프로젝트 되돌아보기 ○프로젝트 성찰 일지 쓰기		1

교과서 관련 단원 및 시수

교과	단원	시수
사회	1. 우리나라의 정치 발전	16
	2. 우리나라의 경제 발전	10
계		26

평가

순	교과	성취 기준	평가 문항	평가 방법
1	사회	[6사05-01] 4 · 19 혁명, 5 · 18 민주화 운동, 6월 민주 항쟁 등을 통해 민주주의가 발전해 온 과정을 파악한다.	'민주주의 발전 과정 이해하기' 와 '대통령史 정치 편 편찬하기'를 통해 우리나라 민주주의의 발전 과정을 파악하는가?	민주주의 지수 학습지, 대통령史 정치 편 책자 결과물
2		[6사05-02] 광복 이후 시민의 정치 참여 활동이 확대되는 과정을 중심으로 오늘날 우리 사회의 발전상을 살펴본다.	'민주주의 발전 과정 이해하기' 와 '대통령史 정치 편 편찬하기'를 통해 시민의 정치 참여 확대 과정을 파악하는가?	
3		[6사05-05] 민주 정치의 기본 원리(국민 주권, 권력 분립 등)를 이해하고, 그것이 적용된 다양한 사례를 탐구한다.	'대통령별 권력 분립 현황 파악하기'와 '대통령史 정치 편 편찬하기'를 통해 민주 정치의 기본 원리를 이해하는가?	체크 체크 결과물, 삼권 분립 현황 학습지, 대통령史 정치 편 책자 결과물
4		[6사05-06] 국회, 정부, 법원의 기능을 이해하고, 그것이 국민 생활에 미치는 영향을 다양한 사례를 통해 탐구한다.	'대통령별 권력 분립 현황 파악하기'와 '대통령史 정치 편 편찬하기'를 통해 국회, 정부, 법원의 기능을 이해하는가?	
5		[6사06-03] 농업 중심 경제에서 공업 · 서비스업 중심 경제로 변화하는 모습을 중심으로 우리나라 경제 성장 과정을 파악한다.	'대통령史 편찬 - 경제 편'과 편찬 기념회를 통해 우리나라 경제 성장 과정을 파악하는가?	경제 성장 현황 및 문제점 학습지, 대통령史 경제 편 책자 결과물

| 6 | 사회 | [6사06-04] 광복 이후 경제 성장 과정에서 우리 사회가 겪은 사회 변동의 특징과 다양한 문제를 살펴보고, 더 나은 사회를 만들기 위해 해결해야 할 과제를 탐구한다. | '대통령史 편찬 – 경제 편'과 편찬 기념회를 통해 경제 성장 과정에서 문제점을 알고 더 나은 사회를 만들기 위한 과제를 파악하는가? | 경제 성장 현황 및 문제점 학습지, 대통령史 경제 편 책자 결과물 |

프로젝트 열기(3차시)

차시	활동 및 내용	교과 및 시수
1/26	○대선 결과 및 역대 대통령 보며 동기 유발하기 ○프로젝트 안내하기	
2–3/26	○대한민국 대통령史 편찬 위원회 발족식 개최 · 대통령史 편찬 위원회 결성하기(1) 　①1~4대 ②5~9대 ③10~13대 ④14~16대 ⑤17~19대 · 편찬 위원회 편찬 계획서 작성하기(1) · 발족식 개최하기	사회3

우리 대통령, 얼마나 아니~

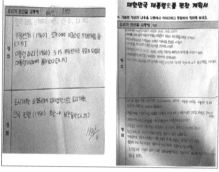

편찬 계획서 작성하기 - 개인 · 모둠

　〈대한민국 대통령史를 편찬하라〉 프로젝트는 20대 대통령 선거일이 3월 9일 (프로젝트 시작일은 3월 15일), 대통령 취임일이 5월 10일(프로젝트 종료일은 5월 12일)이어서 프로젝트 시작뿐만 아니라 마무리도 현실적인 맥락 속에서 진행할 수 있었다.

1차시는 먼저 3월 9일이라는 날짜를 제시하면서 시작했다. 아이들은 바로 대통령 선거일이라고 했으며, 20대 대통령으로 당선된 윤석열 대통령을 보여 주면서 '너희들 1대부터 19대까지 아는 대통령 있니?' 하고 물었다. 몇 대인지는 모르지만 문재인, 박근혜, 이명박, 박정희 대통령 등 아이들 대답을 들은 후 '우리 대통령, 얼마나 아니~' PPT 자료를 보여 주면서 1대부터 19대까지 역대 대통령을 순서대로 알려 주었다. 이 자료는 이후 수업을 시작할 때마다 보여 주면서 아이들이 대통령의 얼굴과 이름 그리고 몇 대인지 기억할 수 있도록 했다. 수업 중반부터는 대통령 제시 순서를 바꾸기도 했고, 사진과 설명의 제시 순서를 바꾸기도 했으며, 포스트잇으로 쪽지 시험도 보면서 역대 대통령을 기억할 수 있도록 했다.

이어 〈기록의 나라〉 동영상을 보면서 우리나라는 유네스코 세계 기록 유산을 많이 보유하고 있는 나라이지만 대통령 기록은 제대로 되어 있지 않다고 말하면서 대한민국 역대 대통령에 대한 기록을 정리하는 〈대한민국 대통령史를 편찬하라〉 프로젝트를 해 보자고 했다.

2~3차시는 '우리 대통령, 얼마나 아니~'로 역대 대통령을 알아본 후 대통령史 편찬을 위한 편찬 위원회 구성을 시작했는데 편찬 위원회는 대통령의 재임 기간을 고려하여 1위원회는 이승만, 윤보선, 2위원회는 박정희, 3위원회는 최규하, 전두환, 노태우, 4위원회는 김영삼, 김대중, 노무현, 5위원회는 이명박, 박근혜, 문재인으로 구성했다. 먼저 자기가 편찬하고 싶은 대통령을 선택한 후 모둠에서 협의하여 우리가 선택한 대통령 1순위와 2순위를 정했다. 이어 모둠의 1순위, 2순위를 우선적으로 고려하여 위원회를 선택하도록 했고, 겹치거나 선택받지 못한 위원회는 양보와 배려를 통해 다섯 위원회를 구성할 수 있었다.

'편찬 계획서 작성하기'는 위원회별로 각 위원회에 속하는 대통령을 대략적으로 알아보는 것으로, 먼저 각 위원회 안에서 개인이 조사할 대통령(또는 몇 대)을 정하도록 했다. 이어 교과서와 스마트 기기를 활용하여 자신이 맡은 대통령 시기에 있었던 정치 사건, 경제 사건 및 현황을 세 가지씩 정리하고 검사받도록 했다. 이후 개별로 정리된 내용을 종합하여 모둠 편찬 계획서를 작성했고 교실 뒤쪽 대통령 사진이 있는 편찬 위원회 공간에 게시했다. 마지막으로 앞으로 각 위원회별로 편찬 계획서에 따라 대한민국 대통령史 편찬을 시작하겠다고 하면서 함께 박수를 치며 발족식을 마무리했다.

편찬 위원회 공간

대통령史 편찬 - 정치 편(12차시)

탐구 질문	차시	활동 및 내용	교과 및 시수
주요 정치 사건은 어떤 것이 있는가? 권력 분립은 어떻게 이루어지고 있는가?	4-15/26	○해당 대통령 시기 주요 정치 사건 조사 및 정리하기 · 주요 정치 사건 조사하기(개별 - 힌트 제공)(2) · 주요 정치 사건 정리하기(위원회)(1) ○대통령별 권력 분립 현황 파악하기 · 민주 정치 기본 원리 알아보기(1) ★평가3,4 · 대통령별 권력 분립 현황 조사 및 파악하기(2) ★평가3,4 ○민주주의 발전 과정 이해하기 ★평가1,2 · 해당 대통령 시기 민주주의 지수 나타내기(1.5) － 국민 주권 영역, 삼권 분립 영역, 시민 자유 영역 · 민주주의 지수로 민주주의 발전 과정 이해하기(0.5) ○대통령史 정치 편 편찬하기 ★평가1,2,3,4 · 책자 및 발표용 자료 편찬 계획하기(1) · 대통령史 정치 편 책자 및 발표용 자료 편찬하기(3)	사회12

주요 정치 사건 조사 및 정리하기(3차시)

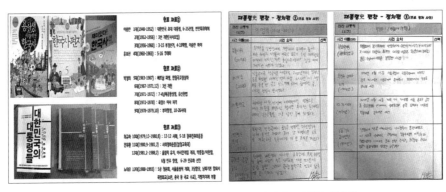

자료 책자 및 선생님의 힌트 자료

주요 정치 사건 조사 학습지(개별)

4~5차시는 먼저 '우리 대통령, 얼마나 아니~'를 확인한 후 각 위원회별 해당 대통령 시기의 주요 정치 사건들을 조사하는 것으로 시작했다. 위원회 안에서도 자기가 맡을 대통령(또는 몇 대)을 나눈 후 교과서, 자료 책자(어린이용 역사책, 대통령 미니 책자), 스마트 기기를 활용하여 해당 시기의 다섯 가지 정치 사건을 조사하고 정리한 후 검사받도록 했다. 조사할 때는 먼저 교과서와 자료 책자를 활용하게 했고 20분이 지난 후 스마트 기기 검색을 허용했다. 문재인 대통령은 책으로 정리된 것이 없어서 스마트 기기만 활용할 수밖에 없었다.

자료 책자는 어린이용 역사책과 함께 필자가 만든 '대통령 미니 책자'를 활용했는데, 우리나라 대통령에 대해 출판된 책 중 본 프로젝트에 맞게 아이들이 읽을 만한 것이 하나도 없어 궁여지책으로 어른용 책을 구입하여 대통령별로 잘라 만들었다. 하지만 원래 어른용이라 아이들이 읽기에는 벅찬 측면이 있었다. 그래서 조사를 시작한 지 40분 정도가 지난 후 대통령별로 정치 사건을 정리한 '선생님의 힌트 자료'를 추가로 제공하여 조사를 마무리하는 데 도움을 주었다.

6차시는 검사를 받은 아이들은 조사한 다섯 가지 정치 사건 중 주요 정치 사건으로 세 가지를 선택하면서 시작했다. 이어 위원회별로 개인이 선택한 세 가지 주요 정치 사건을 연도별로 일직선에 정리한 후 전체 발표했다. 수업 결과물인 학습지들은 교실 뒤편 위원회별 공간에 바로바로 게시하여 모든 아이가 수업 후 볼 수 있도록 했다.

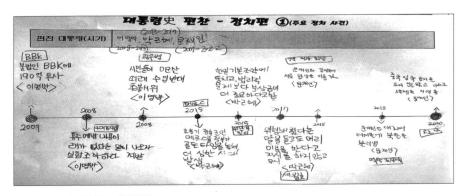

주요 정치 사건 정리 학습지(위원회)

대통령별 권력 분립 현황 파악하기(3차시)

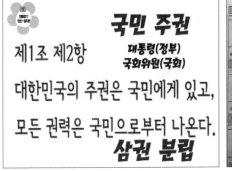

헌법 제1조 제2항

삼권 분립 현황 학습지

    7차시는 '우리 대통령, 얼마나 아니~'를 먼저 한 후 민주 정치의 기본 원리로 '국민 주권'과 '삼권 분립'을 설명했다. 헌법 제1조 제2항에 근거하여 국민 주권과 삼권 분립의 개념을 정리했다. 국회, 정부, 법원은 각각의 역할이나 조직 체계보다는 서로의 견제 기능에 초점을 맞추어 설명했다. 이어 '체크 체크'로 수업한 내용을 포스트잇 쪽지 시험으로 확인했다(★평가3,4).

8~9차시 역시 '우리 대통령, 얼마나 아니~'로 시작했고 '체크 체크'를 다시 확인한 후 국민 주권과 삼권 분립을 간단히 정리했다. 본격적인 삼권 분립 현황을 파악하기 전에 먼저 '정치 기본 상식'을 알려 주었는데 '대통령 미니 책자' 내용에 어려운 용어들이 많아 정당, 여당, 야당, 국회, 정부, 법원에 대한 기본 사항들을 설명했다.

'삼권 분립 현황을 파악하라' 활동은 먼저 지난 시간에 나누어 준 '선생님의 힌트 자료' 중 모둠에서 조사할 사건을 3개 선택하고 그 사건에 관련되어 있는 국회·정부·법원의 상황을 교과서, 자료 책자, 스마트 기기를 통해 조사하도록 했다. 조사를 시작한 지 20분 정도가 지나고 나서 해당 대통령별로 사건 목록을 정리한 '선생님의 힌트 자료 2'를 제공하여 사건 조사에 도움을 주었다. 이어 조사한 상황을 바탕으로 삼권 분립이 잘 되었는지 그렇지 않은지를 모둠에서 협의하여 결론을 내리도록 했다(★평가3,4).

이 차시는 프로젝트 전체에서 아이들이 많이 힘들어 한 수업이었는데 조사한 자료에 국회, 정부, 법원의 상황이 명확하게 나타나지 않아 삼권 분립 현황을 파악하기가 어려웠기 때문이다. 다음에 수업한다면 사건 목록만 정리해서 주는 것이 아니라 삼권 분립 현황 파악에 도움을 줄 수 있는 내용까지 정리한 '읽기 자료'를 만들어 제공해야겠다고 생각했다.

민주주의 발전 과정 이해하기(2차시)

민주주의 영역별 지수 기준 표

    10~11차시는 '우리 대통령, 얼마나 아니~'를 포스트잇 쪽지 시험으로 확인한 후 『이코노미스트』의 2021년 국가별 민주주의 지수 표를 보면서 시작했다. 2021년 우리나라 민주주의 지수는 8.16으로 16위였으며 완전한 민주주의 국가였다. '우리나라는 처음부터 이렇게 민주주의 지수가 높고 완전한 민주주의 국가였을까?'라고 물으며 우리나라 역대 대통령 때의 민주주의 지수를 우리 나름대로 구해 보자고 했다. 필자는 본 수업의 민주주의 지수 영역을 앞서 공부한 국민 주권, 삼권 분립과 함께 시민 자유로 정했다. 『이코노미스트』의 민주주의 지수 산정 영역은 선거 과정과 그 다원성, 정부의 기능성, 정치 참여도, 정치 문화, 시민 자유 등 다섯 가지다.

    먼저 위원회별 대통령에 대한 기본 정보(이름, 재임 기간 등)를 적은 후 국민 주권 영역은 대통령의 선거 방법(직선제, 간선제, 공정, 부정)을 조사하고, 삼권 분립 영역은 앞 시간에 한 삼권 분립 현황 학습지를 참고하고, 시민 자유 영역은 지금까지 읽고 조사한 자료들을 바탕으로 모둠별로 협의하여 영역별 지수 기준 표를 보며 지수를 정하도록 했다(★평가1,2). 대통령별로 영역별 지수와 합계 지수를 다 쓴 위원회에서는 합계 지수를 포스트잇에 크게 써서 편찬 위원회 공간에 있는 해당 대통령 사진 위쪽에 붙이도록 했다. 이후 위원회별로 나와서 대통령별 영역 지수와 합계 지수를 발표했다. 마지막으로 필자가 민주주의 지수의 전체적인 변화를 참고하여 우리나라 민주주의 발전 과정을 설명했다.

민주주의 지수 영역과 지수 기준 표는 수업하는 교사가 수정하여 사용할 수 있다. 필자는 앞서 수업을 한 민주주의 기본 원리인 국민 주권과 삼권 분립을 강조하고자 2개를 영역에 포함했지만, 교사의 생각에 따라 다른 것을 영역으로 선정해도 무방할 것이다.

민주주의 지수 학습지

민주주의 발전 과정 이해하기

필자가 수업한 네 반 모두 영역 지수뿐만 아니라 합계 지수도 다르게 나왔지만, 신기하게도 민주주의 합계 지수의 변화 흐름은 비슷한 모습을 보여 주었다. 그래서 수업한 네 반의 민주주의 지수를 그래프로 만들어 다음 시간에 보여 주며 민주주의 발전 과정을 다시 정리해 주어야겠다고 생각하고 있었다.

그런데 한 아이가 자기 반의 민주주의 지수를 꺾은선 그래프로 그려 와서 나에게 보여 주는 것이었다. 이때다 싶어 간식을 듬뿍 주면서 다른 반의 민주주의 지수도 그래프로 그려 주면 좋겠다고 부탁했다. 그래서 12차시를 시작할 때 아이가 완성한 그래프 자료를 활용하여 민주주의 발전 과정을 주요 정치 사건 등과 연관 지어서 설명했고, 민주주의는 그냥 주어지는 것이 아니라 국민들의 힘으로 만들어 가는 것임을 강조하여 설명할 수 있었다.

대통령史 편찬 – 정치 편(4차시)

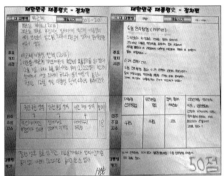

대통령史 정치 편 – 책자 자료   대통령史 정치 편 – 발표용 자료

12차시는 민주주의 지수 그래프를 통해 우리나라 민주주의 발전 과정을 설명한 후 '대통령史 – 정치 편' 편찬 계획서를 작성했다. 편찬 위원회별로 제작해야할 것은 대한민국 대통령史 책자와 발표용 자료 두 종류인데, 책자는 역대 대통령별로 제작하고 발표용 자료는 이젤패드 한 장에 위원회별로 맡은 대통령 모두를 포함하도록 했다. 책자에는 대통령별 재임 시기, 주요 정치 사건, 민주주의 지수, 대통령 평가를 기록하고, 발표용 자료는 대통령 사진과 함께 책자 자료의 내용을

요약해서 만든다고 안내했다. 또 책자에 실리는 내용은 앞선 수업의 결과로 나온 학습지들을 보며 정리하고 대통령 평가만 모둠별 협의로 정하도록 했다. 이에 따라 책자는 대통령별로 들어갈 항목과 내용을 간단하게 정했고, 발표용 자료는 위원회에서 맡은 각 대통령의 사진과 요약 내용을 어떻게 배치할지 위원회별로 협의하여 편찬 계획서를 작성했다.

편찬 계획서가 통과된 모둠은 13~15차시 3시간 동안 편찬 작업을 했다. 책자 제작은 후대를 위해 남겨야 하는 것이므로 글자를 정성껏 쓰고 내용도 깔끔하게 정리하도록 안내했다. 발표용 자료 제작은 꾸미기를 하는 것이 아니니 핵심 내용이 잘 드러나도록 만들게 했다. 2위원회는 5대에서 9대까지 박정희 대통령을 맡아 책자 5개를, 4위원회와 5위원회는 대통령이 세 명이라서 책자 3개만 만들어 위원회별로 작성하는 책자 수에 차이가 있었다. 먼저 책자를 완성하여 검사받고(★평가 1,2,3,4) 이후 책자를 바탕으로 발표용 자료를 제작했으며, 완성된 발표용 자료는 대통령史 편찬 기념회를 기다리며 교실에 게시했다.

대통령史 편찬 - 경제 편(8차시)

탐구 질문	차시	활동 및 내용	교과 및 시수

경제 성장 현황은 어떤가?
 	
경제 성장에서 나타나는 문제점에는 어떤 것이 있는가?
	16~23/26	O해당 대통령 시기 경제 성장 현황 및 문제점 정리하기
		· 경제 성장 현황 조사 및 정리하기(2) ★평가5
		· 경제 성장 과정에서 나타나는 문제점 조사하기(1)
		  ★평가6
		O경제 성장 과정 이해하기
		· 해당 대통령 시기 경제 지수 나타내기(1.5)
		  – 국민 소득 부분, 발전 전망 부분, 경제 문제 부분
		· 경제 지수로 경제 성장 과정 이해하기(0.5) ★평가5
			사회8

16–23/26	○대통령史 경제 편 편찬하기 ★평가5,6 · 책자 및 발표용 자료 편찬 계획하기(0.5) · 대통령史 경제 편 책자 및 발표용 자료 제작하기(2.5)	사회8

경제 성장 현황 및 문제점 정리하기(3차시)

경제 성장 현황 및 문제점 학습지

16~17차시 역시 '우리 대통령, 얼마나 아니~'를 확인하는 것으로 시작했다. 이어 그래프를 보여 주면서 경제 규모 10위, 1인당 국민 총소득이 1953년 67달러에서 2018년 3만 1349달러로 500배 가까이 성장한 우리나라는 과연 어떻게 경제 발전을 이룰 수 있었는지 그 비밀을 알아보자고 했다.

본격적인 '경제 현황 및 산업 구조를 조사하라' 활동을 하기 전 먼저 산업, 공업, 경제 현황을 설명하는 '경제 상식'을 알려 주었다. 이어 교과서와 자료 책자를 활용하여 위원회별로 해당 대통령 시기에 어떤 산업, 어떤 공업이 발달했는지, 경제 발전에 따른 사회 변화는 어떠했는지 조사하여 정리하도록 했다. 학습지 위쪽은 자료 책자에 있는 내용을 대통령별로, 아래쪽은 교과서 내용을 대략적으로 10년 단위로 정리하도록 했는데(★평가5,6), 교과서 내용은 대통령별로 되어 있지 않고 1950년대, 1960년대처럼 대부분 10년 단위로 되어 있었기 때문이다. 자료 책자는 필자가 미리 읽어 보고 해당 부분을 포스트잇으로 표시하여 아이들이 바로 찾아 읽고 정리할 수 있도록 했다. 해당 대통령 시기의 관련 내용이 없는 경우는 공란으로 두게 했다.

위원회별로 조사한 내용을 검사한 후 어떤 산업이나 공업이 발달했는지에 초점을 맞추어 전체 발표했다. 이어 1950년대 원조 경제와 1960년대 경공업을 시작으로 하여 현재의 첨단 산업 및 문화 콘텐츠 산업으로 '우리나라 경제 발전 과정'을 PPT로 설명했다. 마지막에는 교과서에 있는 우리나라 경제 발전 과정 정리(관련 내용 연결하기, 스티거 붙이기)로 수업을 마무리했다.

18차시 '경제 성장 과정의 문제점 조사하기' 역시 교과서와 자료 책자를 활용하여 정리했는데 경제 현황 및 산업 구조와 마찬가지로 학습지 위쪽은 자료 책자 내용을, 아래쪽은 교과서 내용을 정리하여 검사받도록 했다. 교과서 내용 정리는 관련 내용이 대통령별 또는 시기별로 제시되어 있지 않고 성장 과정 중에 발생하는 전반적인 문제점이어서 모든 위원회의 정리 내용이 같았다.

경제 성장 과정 이해하기(2차시)

경제 영역별 지수 기준 표

    19~20차시는 지난 시간에 설명했던 '우리나라 경제 발전 과정' PPT를 다시 보면서 시작했다. 이어 정치에서 민주주의 지수로 우리나라 민주주의 발전 과정을 알아본 것처럼 경제에서는 경제 지수로 우리나라 경제의 발전 과정을 알아보자고 했다.

    본 수업의 경제 지수 영역은 국민 소득, 발전 전망, 경제 문제로 나누었고 국민 소득 영역은 1인당 실질 국민 총소득, 발전 전망 영역은 경제 성장률, 경제 문제 영역은 소비자 물가 상승률로 세부 항목을 정했다. 모두 지표누리(http://www.index. go.kr)에 나오는 통계 자료를 활용했다. 아이들에게 지표누리에 들어가서 위원회별 해당 연도의 자료를 검색하여 찾는 방법을 화면으로 자세하게 설명해 준 다음 찾도록 했다.

    먼저 위원회별로 대통령에 대한 기본 정보(이름, 재임 기간 등)를 적고 해당 대통령의 재임 기간 동안 세 가지 영역에서 연도별 자료를 지표누리에서 검색하여 학습지에 정리하도록 했다. 이어 영역별 평균을 구하게 한 후 지수 기준 표를 보고 해당되는 지수를 구하도록 했는데(★평가5) 사전에 평균 구하는 방법을 설명했으며, 계산기를 사용해도 좋다고 안내했다. 1인당 실질 국민 총소득은 1960년, 경제 성장률은 1954년, 소비자 물가 상승률은 1956년부터 통계 자료가 있어 1위원회(이승만, 윤보선)는 학습지 자체를 다르게 만들어 제공했다.

대통령별로 영역별 지수와 합계 지수를 구하도록 했고 합계 지수는 포스트잇에 크게 써서 편찬 위원회 공간에 있는 해당 대통령 사진 아래쪽에 붙이도록 했다. 이후 위원회별로 나와서 대통령별 영역 지수와 합계 지수를 발표했다. 마지막으로 필자가 경제 지수의 전체적인 변화를 보며 우리나라 경제 발전 과정을 설명했다.

민주주의 지수는 모둠에서 협의하여 자유롭게 정했다면, 경제 지수는 주어진 자료의 평균을 계산하여 기준 표에 따라 구했다. 그렇기 때문에 경제 지수 영역별 기준 표를 작성할 때는 교사가 실제로 해 보고 점수를 조정하는 것이 필요하다. 필자 수업에서는 11대 전두환 대통령 시기의 경제 지수가 아주 낮게 나와서 다음에 수업한다면 조정해야겠다고 생각했다.

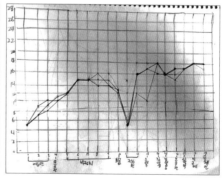

경제 지수 학습지   경제 성장 과정 이해하기

경제 지수는 각 반의 같은 위원회에서 구한 영역 지수와 합계 지수가 같아야 했는데, 실제로 그래프로 그려 보니 조금씩 차이가 있었다. 민주주의 지수 그래프를 그려 준 아이가 경제 지수 그래프도 그려 주어서 21차시를 시작하면서 경제 성장 과정을 설명하는 자료로 활용할 수 있었다.

대통령史 경제 편 편찬하기(3차시)

21~23차시는 먼저 경제 지수 그래프를 통해 우리나라 경제 성장 과정을 설명한 후 '대통령史 – 경제 편' 편찬 계획서 작성을 시작했다. 정치 편과 마찬가지로 편찬 위원회별로 대한민국 대통령史 책자와 발표용 자료 두 종류를 제작한다고 안내했다. 책자 자료에는 대통령별 재임 시기, 경제 현황 및 산업 구조, 경제 성장 과정의 문제점, 경제 지수, 대통령 평가를 정리하고 발표용 자료는 정치 편과 마찬가지로 대통령 사진과 함께 책자 자료의 내용을 요약해서 만들도록 했다. 편찬 계획서가 통과된 위원회는 바로 편찬 작업을 시작했는데 정치 편과 마찬가지로 책자는 글자를 정성껏 쓰고 깔끔하게 제작하도록 했으며(★평가5,6), 발표용 자료는 핵심 내용이 꼭 들어갈 수 있도록 안내했다.

경제 편에서는 편찬 계획서 작성뿐만 아니라 편찬 작업도 일찍 끝이 나서 남는 시간은 편찬 기념회를 준비하는 데 활용했다. 책자 작업과 발표용 자료를 모두 완성한 위원회는 위원회 내에서 정치와 경제 발표 팀을 정하고, 팀별로 책자 자료를 참고해서 발표용 자료로 발표 연습을 한 후 모둠 리허설을 하도록 했다.

대한민국 대통령史 편찬 기념회(2차시)

탐구 질문	차시	활동 및 내용	교과 및 시수
편찬한 대통령史를 어떻게 발표할 것인가?	24~25/26	○대한민국 대통령史 편찬 기념회 개최 · 편찬 기념회 리허설하기(0.5) · 대한민국 대통령史 발표하기(1) · 대한민국 정치, 경제의 발전 과정 정리하기(0.5)	사회2

편찬 기념회 발표 장면

24~25차시는 '우리 대통령, 얼마나 아니~'를 마지막으로 한 후 정치 편 발표, 경제 편 발표, 편찬 위원장 최종 정리로 이어지는 편찬 기념회 순서를 안내했고, 발표를 위한 최종 리허설 시간을 10분 정도 주었다. 이어 1위원회의 정치 편을 시작으로 5위원회의 경제 편까지 각 위원회에서 편찬한 대통령史 발표를 들은 후 편찬 위원장으로 참석한 필자가 그동안 수업한 민주주의 발전 과정과 경제 성장 과

정을 정리해서 설명해 주었다. 마지막으로 대한민국 대통령史를 편찬한 우리가 20대 대통령史는 어떻게 쓰여질지 앞으로 지켜보자고 하면서 대한민국 대통령史 편찬 기념회를 마무리했다.

발표용 자료는 반별로 순서대로 정리하여 학년 복도에 게시해서 누구나 볼 수 있도록 했다. 대통령史 책자는 반별로 만들어서 프로젝트 닫기 시간에 보여 준 후 학반에서 돌려 가면서 읽어 볼 수 있도록 했다.

프로젝트 닫기(1차시)

차시	활동 및 내용	교과 및 시수
26/26	○프로젝트 되돌아보기 ○프로젝트 성찰 일지 쓰기	사회1

'프로젝트 닫기'에서는 그동안 진행한 프로젝트를 같이 되돌아본 후 성찰 일지를 작성했다. 성찰 일지에는 프로젝트 수업에서 자기가 가장 잘했다고 생각되는 활동, 가장 재미있었거나 의미 있었던 활동, 가장 재미없었거나 힘들었던 활동 등 프로젝트 수업 활동에 대한 의견을 적도록 했으며, 프로젝트 수업 점수를 매겨 보도록 했다. 또 프로젝트 수업에서 알게 된 점, 느낀 점, 선생님이 좀 더 좋은 수업을 할 수 있도록 의견을 적어 달라고 했다. 성찰 일지를 다 완성한 후에는 시간이 허락하는 내에서 작성한 성찰 일지를 발표하고 공유했다.

STEP3 프로젝트 돌아보기

〈대한민국 대통령史를 편찬하라〉는 필자가 실천한 프로젝트 중 BEST 3 안에 드는 프로젝트다(필자의 프로젝트 BEST 3는 '新농사직설', '진천 대구 역사 박람회', '대한민국 대통령史를 편찬하라'다). 대통령 프로젝트를 하겠다고 생각한 것은 2017년 남대구초등학교에서 4학년 1학기 프로젝트로 '함께 만들어 가는 남대구시'라는 수업을 한 후였다. 당시 남대구초에서는 프로젝트 수업을 하고 난 후 아이들이 더 알고 싶은 것을 정해서 3~4시간 정도 프로젝트 연계 수업을 진행했는데, 옆 반에서 선거와 관련해서 우리나라 대통령을 알아보는 활동을 했다. 옆 반 선생님께서 교실 뒤편에 역대 대통령 사진을 쭉 붙여 놓았던 것이 너무 강렬했다. 특히 흑백으로 다섯 장이 나란히 붙여 있던 박정희 대통령의 모습이 참 인상적이었다. 그때 저렇게 대통령 사진을 쭉 붙여 놓고 우리나라 대통령을 알아보는 대통령 프로젝트를 해야지 하고 생각했던 것이 2022년에 와서야 이루어지게 되었다.

수업을 마친 후 편찬 위원회 공간

〈대한민국 대통령史를 편찬하라〉 프로젝트에서 가장 기억에 남는 장면은 민주주의 지수를 구하는 것이었다. 민주주의 지수는 모둠별로 협의하여 지수를 정하기 때문에 과연 우리 현대사와 비슷하게 나올까 하고 생각했다. 신기하게도 반마다 합계 지수의 변화 흐름이 비슷하게 나오는 것을 보고 깜짝 놀랐던 기억이 생생하다. 경제 지수는 영역 선정 및 지수 기준 표 작성에 조금 더 신경을 쓴다면 더욱더 의미 있는 수업을 할 수 있을 것 같다.

〈대한민국 대통령史를 편찬하라〉 프로젝트는 2022년에 계획하여 실천하고 기록한 프로젝트다.

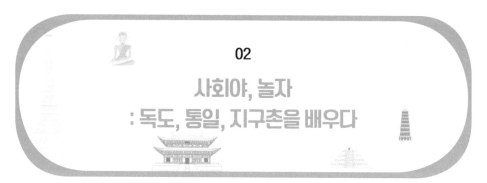

02

사회야, 놀자
: 독도, 통일, 지구촌을 배우다

STEP1 프로젝트 설계하기

〈사회야, 놀자〉 프로젝트는?

6학년 2학기 사회 2단원 '통일 한국의 미래와 지구촌의 평화'는 독도, 통일, 지구촌 평화와 발전, 지구촌 문제 등 한 단원이 맞나 싶을 정도로 다양한 주제로 구성되어 있다. 그래서 하나의 프로젝트로 구성하기가 힘들어 주제에 따라 여러 개의 미니 프로젝트로 계획했다. 사회과 주제와 관련된 주제로 '도덕 5단원 우리가 꿈꾸는 통일', '6단원 함께 살아가는 지구촌'이 있어서 함께 통합하여 수업을 구성했다.

이처럼 〈사회야, 놀자〉 프로젝트는 6학년 2학기 사회 교과와 도덕 교과를 재구성하여 디자인한 미니 프로젝트 수업 모음이다. 독도가 자기 땅이라는 일본의 주장에 대해 반론문을 쓰는 '독도야, 간밤에 잘 잤느냐', 통일에 대한 어린이 책을 읽고 정리한 후 한반도 통일 계획서를 제안하는 '서울에서 평양까지', 지구촌 평화와 발전을 위협하는 문제를 찾아 해결책을 제시하는 '우리는 진천 어벤져스', 환경 문제 관련 다큐멘터리를 보고 환경 대토론회를 가지는 '2021 내일은 늦으리'로 구성되어 있다.

프로젝트 수업 한눈에 보기

활동 주제	활동 및 내용	교과	시수
프로젝트 열기	○프로젝트 안내하기	사회	1
독도야, 간밤에 잘 잤느냐	○독도는 우리 땅? 일본 땅? 알아보기 ○독도가 우리 땅이라는 증거 찾기 ○일본 주장에 대한 반론문 작성하고 발표하기	사회	4
서울에서 평양까지	○'Hi~ 돼지국밥과 슈퍼슈프림 피자' 읽고 정리하기 ○통일? 통일! 자기 생각 정리하기 ○한반도 통일 계획서 제안하고 발표하기 ○통일에 대한 자기 생각 에세이로 정리하기	사회 도덕	8
우리는 진천 어벤져스	○나의 인피니티 스톤을 선정하라(지구촌 문제 선정하기) ○나의 인피니티 스톤을 찾아라(지구촌 문제 찾기) ○우리의 인피니티 스톤을 찾아라(지구촌 문제 해결하기) ○인피니티 스톤을 공개하라 ○진천 어벤져스들의 지구촌 토론 ○우리는 진천 어벤져스를 마치며 에세이 쓰기	사회 도덕	10
2021 내일은 늦으리	○불편한 진실 영화 보기 ○내일은 늦으리 - 환경 문제 보고서 작성하기 ○진천 환경 대토론회	사회	6
프로젝트 닫기	○프로젝트 되돌아보기 ○프로젝트 성찰 일지 쓰기	사회	1

교과서 관련 단원 및 시수

교과	단원	시수
사회	2. 통일 한국의 미래와 지구촌의 평화	22
도덕	5. 우리가 꿈꾸는 통일	4
	6. 함께 살아가는 지구촌	4
	계	30

평가

순	교과	성취 기준	평가 문항	평가 방법
1		[6사08-01] 독도를 지키려는 조상들의 노력을 역사적 자료를 통해 살펴보고, 독도의 위치 등 지리적 특성에 대한 이해를 바탕으로 하여 영토 주권 의식을 기른다.	독도를 자기 땅이라고 주장하는 일본에서 독도를 지키려는 조상들의 노력과 독도의 지리적 특성이 들어가게 반론문을 쓰는가?	반론문 학습지
2	사회	[6사08-02] 남북통일을 위한 노력을 살펴보고, 지구촌 평화에 기여하는 통일 한국의 미래상을 그려 본다.	통일의 과정, 남북통일을 위한 노력, 통일 한국의 모습을 고려하여 한반도 통일 계획서를 작성하는가?	한반도 통일 계획서
3		[6사08-03] 지구촌의 평화와 발전을 위협하는 다양한 갈등 사례를 조사하고 그 해결 방안을 탐색한다.	지구촌 문제의 발생 원인, 영향, 해결 방안, 해결 노력을 담은 인피니티 스톤을 찾아라 학습지를 작성하는가?	우리의 인피니티 스톤을 찾아라 학습지
4		[6사08-04] 지구촌의 평화와 발전을 위해 노력하는 다양한 행위 주체 (개인, 국가, 국제기구, 비정부 기구 등)의 활동 사례를 조사한다.		

		[6사08-05] 지구촌의 주요 환경 문제를 조사하여 해결 방안을 탐색하고, 환경 문제 해결에 협력하는 세계 시민의 자세를 기른다.	환경 문제의 현황, 원인, 해결 방안, 실천 사항을 담은 환경 문제 보고서를 작성하는가?	환경 문제 보고서
5	사회			
6		[6사08-06] 지속 가능한 미래를 건설하기 위한 과제(친환경적 생산과 소비 방식 확산, 빈곤과 기아 퇴치, 문화적 편견과 차별 해소 등)를 조사하고, 세계 시민으로서 이에 적극 참여하는 방안을 모색한다.		
7		[6도03-03] 도덕적 상상하기를 통해 바람직한 통일의 올바른 과정을 탐구하고 통일을 이루려는 의지와 태도를 가진다.	통일의 과정, 남북통일을 위한 노력, 통일 한국의 모습을 고려하여 한반도 통일 계획서를 작성하는가?	한반도 통일 계획서
8	도덕	[6도03-04] 세계화 시대에 인류가 겪고 있는 문제와 그 원인을 토론을 통해 알아보고, 이를 해결하고자 하는 의지를 가지고 실천한다.	지구촌 문제의 발생 원인, 영향, 해결 방안, 해결 노력을 담은 인피니티 스톤을 찾아라 학습지를 작성하는가?	우리의 인피니티 스톤을 찾아라 학습지

프로젝트 실천하기

프로젝트 열기(1차시)

활동 및 내용	교과 및 시수
○ 프로젝트 안내하기 ○ 프로젝트 활동 안내하기	사회1

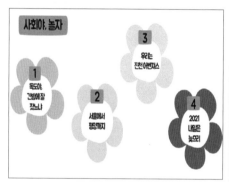

사회야, 놀자 수업 순서

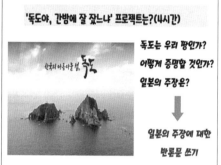

미니 프로젝트 수업 내용

첫 시간에는 〈사회야, 놀자〉 프로젝트에 대한 오리엔테이션을 했다. 프로젝트 순서를 안내하면서 미니 프로젝트 제목 4개를 알려 주었다. 이어 각 미니 프로젝트가 어떻게 진행되는지 수업 내용을 간단히 안내했다.

독도야, 간밤에 잘 잤느냐(4차시)

활동 및 내용	교과 및 시수
ㅇ독도는 우리 땅? 일본 땅? 알아보기(0.5) ㅇ독도가 우리 땅이라는 증거 찾기(1) ㅇ일본 주장에 대한 반론문 작성하고 발표하기(2.5) ★평가1	사회4

반론문 개요 작성하기   완성한 반론문 학습지

'독도야, 간밤에 잘 잤느냐'는 독도가 자기 땅이라는 일본 주장에 대해 반론문을 작성하는 프로젝트다.

1~2차시는 먼저 독도에서 홀로 아리랑을 부르는 동영상을 보면서 '독도는 우리 땅'이라는 이야기를 나누었다. 이어 일본 교과서 문제에 대한 뉴스 영상과 동해가 'EAST SEA'가 아니라 'SEA OF JAPAN'으로 표기되어 있는 여러 사례를 보여 주면서 '독도는 일본 땅'이라는 주장도 알아보았다. 이런 일본의 주장에 대해 우리가 논리적인 반박문을 작성하려면 독도가 우리 땅이라는 증거를 찾아야 한다고 하면서 교과서, 사회과 부도, 스마트 기기를 활용하여 지리적 특성(위치, 지형, 경관 등), 조상들의 노력(역사 인물, 옛 기록, 옛 지도 등)을 증거로 찾아 정리하도록 했다. 마

지막으로 반론문 개요를 작성하도록 했는데, 글을 쓸 때는 바로 쓰는 것이 아니라 건물을 짓기 전에 설계도를 작성하듯 꼭 개요를 작성한 후 글을 써야 함을 강조했다. 개요 작성하기는 '처음-가운데-끝'으로 나누어서 '처음'에는 누구에게 왜 반론문을 쓰는지 등 글을 어떻게 시작할지를, '가운데'에는 앞서 찾은 증거를 어떤 순서로 제시할지를, '끝'에는 다시 한 번 강조할 내용 등 글을 어떻게 마무리할지를 간단하게 정리한 후 검사받도록 했다.

3~4차시는 본격적인 반론문을 작성하기 전 문단에 대해 다음 내용을 자세히 안내했다.

- 문단을 시작할 때는 들여쓰기를 한다.
- 내용의 성격이 바뀌면 문단을 바꾼다.
- 문단은 시작할 때 들여쓰기 부분을 빼고는 모두 앞부분과 뒷부분에 빈 부분이 있으면 안 된다.

또 처음 부분은 한 문단, 가운데 부분은 증거 하나에 한 문단씩, 끝부분 역시 한 문단으로 작성하도록 안내한 후 반론문을 쓰도록 했다. 다 쓴 반론문은 검사받도록 했고(★평가1) 문단에 대해 알려 준 것 중 잘못된 부분은 다시 설명하면서 수정하여 재검사를 받도록 했다. 모든 아이의 반론문 검사가 끝난 후 작성한 반론문을 모둠에서 돌아가면서 읽고 모둠 최고 반론문을 선정하게 한 후 학급 전체에 발표하면서 수업을 마무리했다.

서울에서 평양까지(8차시)

활동 및 내용	교과 및 시수
○'Hi~ 돼지국밥과 슈퍼슈프림 피자' 읽고 정리하기(4) ○'통일? 통일!' 자기 생각 정리하기(1) ○한반도 통일 계획서 제안하고 발표하기(2) ★평가2,7 ○통일에 대한 자기 생각 에세이로 정리하기(1)	사회4 도덕4

글 제목 : 돼지 국밥과 슈퍼슈프림 피자

1. 글 내용을 간단하게 요약하기

2. 원픽 이야기 조각(공유할 이야깃거리)

3. 이 글을 읽고 난 후 나의 생각과 느낌은?

이야기 정리 학습지

　'서울에서 평양까지'는 월남 후 고향을 그리워하는 할아버지, 남한에 적응하는 것이 힘든 새터민 어린이, 실향민 마을, 통일된 후 북한으로 여행을 가는 가족 등 분단이나 통일과 관련된 네 가지 이야기로 구성된 어린이 책 『돼지국밥과 슈퍼슈프림 피자』를 읽고 내용을 정리하는 것으로 시작했다.

1~4차시 'Hi~ 돼지국밥과 슈퍼슈프림 피자'는 먼저 이야기를 4개 읽고 '이야기 정리 학습지'를 했다. 학습지는 내용 요약하기, 가장 인상 깊었던 한 문장을 쓰는 원픽 이야기 조각, 글을 읽고 난 후 이야기·인물·통일에 대한 생각과 느낌 쓰기로 구성했다. 각 이야기별로 이야기와 관련된 동영상을 시청한 후 이야기를 읽고 정리하여 검사받도록 했다. 이후 교실에서 자유롭게 돌아다니면서 정리한 내용 중 원픽 이야기 조각과 생각과 느낌 쓰기 부분을 친구들과 공유하고 서로의 학습지에 사인하도록 했다. 각 이야기당 최소 세 명의 사인을 받을 수 있도록 안내했다.

필자가 'Hi~ 돼지국밥과 슈퍼슈프림 피자'를 4시간이나 배정한 것은 통일이라는 것이 거시적인 국가 정책이나 어른들만의 일이 아니라 바로 우리 곁에 있는 사람들의 삶이라는 것을 이야기를 통해 느끼게 해 주고 싶었기 때문이다. 미시적인 우리 삶을 느끼게 한 후 거시적인 통일 정책이나 방안으로 넘어가면 아이들이 통일을 좀 더 진지하게 고민할 것이라고 생각하고 수업을 계획했다.

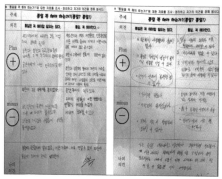

통일에 대한 자기 의견 정하기

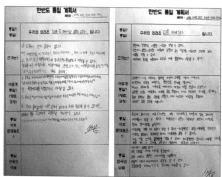

한반도 통일 계획서 학습지

5차시 '통일? 통일!'은 사회 교과서, 도덕 교과서, 스마트 기기를 참고하여 통일을 하면 좋은 점(+)과 나쁜 점(-), 통일하지 않으면 좋은 점과 나쁜 점을 각각 세 가지씩 생각하여 정리하고 그것을 바탕으로 통일에 대한 자기 의견을 정하도록 했다.

6~7차시 '한반도 통일 계획서 제안하기'는 먼저 통일에 대한 자기 의견을 바탕으로 모둠에서 협의하여 한반도 통일에 대한 모둠 의견을 정하는 것으로 시작했다. 이어 통일 찬성 모둠은 바람직한 통일 방안(통일 과정), 통일 이후의 문제점과 해결책, 통일 한국의 모습을 포함하여, 통일 반대 모둠은 통일에 반대하는 근거를 구체적인 사례와 함께 여러 개 제시하여 한반도 통일 계획서를 작성했다(★평가 2,7). 한반도 통일 계획서는 사회 교과서, 도덕 교과서, 스마트 기기를 활용하여 작성하도록 했다. 검사받은 모둠은 계획서를 요약하여 이젤패드에 '한반도 통일 계획서 발표 자료'를 만들도록 했다. 이후 둘 가고 둘 남기 갤러리 워킹 활동을 하여 서로가 작성한 통일 계획서를 공유하는 시간을 가졌다.

8차시는 지금까지 한 활동을 종합하여 한반도 통일에 대한 자기 생각을 에세이로 쓰는 시간을 가졌다. 학습지, 발표 자료, 사회 교과서, 도덕 교과서를 자유롭게 활용하여 지난 독도 반론문에서 배운 문단에 유의하면서 에세이를 작성했다. 아직도 문단 쓰기가 완벽하게 되지는 않았지만 지난 독도 반론문보다는 전체적으로 글의 틀이 잡히는 것을 느낄 수 있었다.

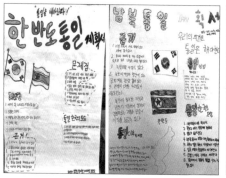

한반도 통일 계획서 발표 자료

통일 에세이 학습지

우리는 진천 어벤져스(10차시)

활동 및 내용	교과 및 시수
ㅇ나의 인피니티 스톤을 선정하라(지구촌 문제 선정하기)(2) · 다양한 지구촌 문제 살펴보기 : 나의 지구촌 문제 선정하기 ㅇ나의 인피니티 스톤을 찾아라(지구촌 문제 찾기)(2) · 나의 지구촌 문제의 원인과 문제점 조사하고 발표하기 · 우리의 지구촌 문제 선정하기 ㅇ우리의 인피니티 스톤을 찾아라(지구촌 문제 해결하기)(2) ★평가3,4,8 · 우리의 지구촌 문제의 원인과 문제점 조사하고 발표하기 · 반별로 토론 주제 나누기 ㅇ인피니티 스톤을 공개하라(2) · 이젤패드 발표 자료 만들기(우리의 인피니티 스톤 학습지 참고) · 토론 역할 나누기, 사전 학습지 작성하기 ㅇ진천 어벤져스들의 지구촌 토론(1) · 토론하기 및 판정하기 ㅇ우리는 진천 어벤져스를 마치며 에세이 쓰기(1)	사회6 도덕4

2021 내일은 늦으리(6차시)

활동 및 내용	교과 및 시수
○불편한 진실 영화 보기(2) ○내일은 늦으리 - 환경 문제 보고서 작성하기(2) ★평가5,6 ○진천 환경 대토론회(2)	사회6

〈불편한 진실〉 영화 보기

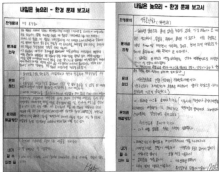

내일은 늦으리 - 환경 문제 보고서

'2021 내일은 늦으리'는 원래 모둠별로 환경 노래를 만들어 공연하는 것으로 계획했다. 그래서 미니 프로젝트 제목도 과거 1990년대 있었던 환경보전슈퍼콘서트 이름인 '내일은 늦으리'로 정한 것이다. 하지만 아이들은 공연보다는 '진천 어벤져스들의 지구촌 토론'이 아쉬웠다며 토론을 제대로 다시 해 보고 싶다고 해서 수업 계획을 중간에 바꾸게 되었다.

1~2차시는 먼저 지구 온난화와 이에 따른 기후 변화 내용을 담은 다큐멘터리 영화 〈불편한 진실〉을 시청하는 것으로 시작했다. 미국 부통령이었던 앨 고어의 환경 운동과 관련한 다양한 활동을 담은 지루한 다큐멘터리였지만 아이들은 새로운 사실을 알아 가며 나름 재미있게 시청했다. 이어 '지구촌, 계속 개발해야 하는

가?'라는 '진천 환경 대토론회'의 토론 주제를 알려 주며 토론용 플러스마이너스 학습지를 과제로 제시했다. 마지막으로 토론 역할 나누기를 했는데 '진천 어벤져스들의 지구촌 토론'과 최대한 겹치지 않도록 했다.

3~4차시는 여러 환경 문제 중 하나를 선택하여 문제의 구체적 현황, 문제 원인과 해결 방안, 내가 실천할 수 있는 일을 정리하는 '내일은 늦으리 − 환경 문제 보고서'를 개인적으로 작성하고 검사받게 했다(★평가5.6). 이어 토론용 플러스마이너스 학습지를 검사한 후 찬성 토론자와 반대 토론자에게 미리 안내하여 다양한 자료를 바탕으로 자신들 의견을 뒷받침할 수 있는 근거를 찾도록 했고, 상대방 근거에 반박할 수 있는 자료도 찾아보도록 했다.

5~6차시 '진천 환경 대토론회'는 앞서 한 토론 경험으로 미리 토론을 준비해야 토론이 더 재미있다는 것을 알고 있어서인지 토론 팀끼리 모여 토론 준비를 몇 차례 가지는 모습을 보여 주었다. 실제 토론에서는 이런 탄탄한 사전 준비 덕분에 토론이 아주 알찼다. 질의응답 단계에서는 치열한 질의와 응답을 하여 시간을 좀 더 주면서 토론을 진행했다. 이후 판정단의 판정까지 다 듣고 토론을 마무리했다.

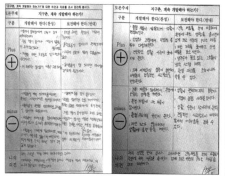

토론용 플러스마이너스 학습지

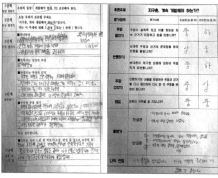

토론자, 배심원 학습지

프로젝트 닫기(1차시)

활동 및 내용	교과 및 시수
○프로젝트 되돌아보기 ○프로젝트 성찰 일지 쓰기	사회1

프로젝트 닫기에서는 그동안 진행한 네 가지 미니 프로젝트를 같이 되돌아본 후 성찰 일지를 작성했다. 성찰 일지에는 가장 재미있었던 미니 프로젝트, 가장 재미없었던 미니 프로젝트, 가장 잘했다고 생각되는 미니 프로젝트를 물어보았고 〈사회야, 놀자 수업〉 프로젝트에 대한 평가를 점수로 매겨 보도록 했다. 또 수업에서 알게 된 점과 느낀 점을 쓰고 좀 더 좋은 수업을 하는 좋은 선생님이 될 수 있도록 선생님에게 하고 싶은 말을 자유롭게 쓰도록 했다. 마지막으로 반별로 남는 시간에 따라서 문항을 선택하여 다른 친구들 의견을 들어 보았다.

프로젝트 돌아보기

〈사회야, 놀자〉 프로젝트를 계획하면서 느꼈던 당혹감이 아직도 생생하다. 어찌 한 단원 안에 이렇게 성격이 다른 주제들이 함께 모여 있을 수 있는지, 그리고 왜 같은 내용이 도덕과에도 똑같이 있을까 하는 생각을 했다.

필자가 생각하기에 사회 6학년 2학기 2단원의 경우 교육과정과 교과서 수정이 절실히 필요하다. 교과 성격에 따라 선택과 집중을 통해 내용이 중복되지 않도록 불필요한 내용은 덜어 낼 수 있도록 해야 할 것이다. 이번 2022교육과정에서는 이런 단원이 만들어지지 않도록 바라본다.

〈사회야, 놀자〉 프로젝트는 11월부터 12월까지 진행한 수업인데, 이맘때는 교사들의 수업에 대한 열정이 가장 낮아지는 시기이지 않을까 싶다. 2021학년도는 수석교사 첫해로 1학기에는 4학년과 3학년, 2학기에는 5학년과 6학년 순으로 수업을 지원했는데, 6학년이 가장 마지막이었다. 필자 역시 6학년 수업을 할 때는 힘이 빠지고 처음에 가진 열정이 많이 가라앉은 상황이었다. 미니 프로젝트 4개를 짜느라 하루살이처럼 허덕거리며 보냈다.

그래서 수업을 원고로 정리하다 보니 각각의 미니 프로젝트 수준이 그리 높지 않아 보였다. 미니 프로젝트 4개 중에서 그래도 잘된 것을 선택해서 실을까 하다 우리 교사의 1년살이 흔적을 있는 그대로 보여 주는 것이 좋겠다 싶어 부족하고 부끄럽기도 하지만, 모두 다 싣기로 했다('우리는 진천 어벤져스'는 개인적인 사정으로 자세한 설명을 생략했다). 부족한 부분들은 선생님들이 채워 주시면 고맙겠다. 또 나에게

이 단원을 다시 수업할 기회가 있다면 좀 더 좋은 수업을 만들 수 있도록 노력할 것이다.

〈사회야, 놀자〉 프로젝트는 2021년에 계획하여 실천하고 기록한 프로젝트다.

에필로그

프로젝트 수업은 교사를 수(秀)놓는다

프로젝트 수업은 교사의 자율성과 상상력을 최대로 발휘할 수 있게 해 줄 뿐만 아니라 학생들의 자발적인 참여를 통해 성취 기준 도달에도 아주 효율적인 수업 이다. 또 교사는 프로젝트 수업을 만들어 실행하면서 교육과정 문해력이라는 교 사 전문성을 발휘할 수 있고, 수업 생산자로서 성취감과 만족감을 느낄 수 있다. 이렇듯 교사는 교육과정 문해력이라는 전문성을 가지고 자기만의 수업을 만드 는 '수업 전문가'이자 '수업 생산자'가 되어야 한다.

하지만 우리의 수업 현실을 보면 다른 사람이 만들어 올린 자료를 다운로드받 아 수정하여 사용하거나 비용을 지불하고 온라인 학습 사이트를 활용하는 경우가 많다. 즉, 대부분의 교사는 자기의 수업을 만들어 실천하는 수업 생산자가 아니라 다른 사람의 수업을 활용하는 수업 소비자인 셈이다.

필자가 이 책을 준비하면서 여러 고민이 중첩되는 지점이 바로 여기였다. 선생님들의 수업 준비 부담을 줄이고 프로젝트 수업을 실제로 실천하는 데 도움을 주고자 각 프로젝트의 차시별 PPT와 학습지를 공유하기로 했다. 하지만 이 자료들도 결국 선생님들을 수업 소비자로 만드는 것이 아닌가 하는 고민, 내가 원하는 것은 선생님들이 수업 생산자이자 수업 전문가가 되는 것인데 내 자료 또한 선생님들을 수업 소비자에서 벗어나지 못하게 하는 것은 아닌가 하는 고민 말이다.

그런데 이 고민들을 해결하는 실마리를 필자가 근무하는 진천초등학교에서 찾을 수 있었다. 필자는 수석교사 첫해인 2021년에는 3~6학년 선생님들께서 원하는 사회 단원을 프로젝트로 계획하여 수업을 지원했고, 2022년에는 2021년과 단원이 겹치지 않도록 하여 사회 중심 프로젝트를 계획하여 수업을 지원했다. 그리고 2022년 수업을 지원할 때는 2021년 필자가 수업한 프로젝트 수업 자료(프로젝트 계획, 차시별 PPT 자료와 학습지, 평가 문장)를 보내 드리면서 프로젝트 수업에 한번 도전해 보라고 권유했다.

큰 기대 없이 보낸 자료였는데 선생님들의 반응은 기대 이상으로 좋았다. '수업하기 편하다', '수업에 진짜 도움이 되었다'는 말부터 '프로젝트 수업을 이렇게라도 해 볼 수 있어서 좋았다'는 선생님도 있었다. 몇몇 학년에서는 프로젝트를 어떻게 진행했는지 자세히 알려 달라며 컨설팅을 요청하기도 했다.

그러면서 필자의 생각도 조금씩 바뀌었다. '지금까지 내 모습은 아직 제대로 걷지도 못하는 사람에게 빨리 달리라고 말하는 것과 같았구나' 하는 반성, '혹시 프로젝트 연수 1~2시간을 하는 것만으로 선생님들이 프로젝트 수업을 할 수 있다고 생각한 것은 아니었나?' 하는 성찰, '내가 해야 할 일은 잘 걸을 수 있도록 두 손을 잡아 주는 것이다'는 앞으로의 다짐.

수업 생산자가 되려면 조금씩 시도하면서 익혀 나가야 하는 것인데 바로 수업 생산자가 되라고 하니 시작조차 하기 힘들었을 것이다.

물론 아직은 약간의 주저함도 있다. 이런 나의 자료가 소비자에서 생산자로 가는 디딤돌이 되지 않고 또 하나의 자료로 소비만 되는 것에 그치지는 않을까 염려스럽다. 하지만 필자는 우리 교사들의 열정과 마음을 믿는다. 내 디딤돌을 바탕으로 자기만의 프로젝트 수업을 시도하는 선생님들의 모습을 그려 보며 주저함을 지워 버린다.

2021년 가을부터 우리 참좋은연구회는 4학년을 위한 '참 좋은 열한 살' 프로젝트를 준비하고 있다. 2022년에는 눈부신 봄과 함께 우리의 열한 살 친구들이 참 좋은 프로젝트 수업으로 성장하고 즐거운 학교생활을 하는 모습을 볼 수 있으면 좋겠다. 내년 겨울에는 풍성한 열한 살 친구들의 이야기를 가지고 다시 많은 선생님들을 찾아뵙고 싶다.

— 신지승, 『교육과정 재구성, 프로젝트 수업을 탐하다』 에필로그 중

『교육과정 재구성, 프로젝트 수업을 탐하다』 후속편으로 '참좋은연구회'에서 준비하고 있던 '참 좋은 열한 살' 프로젝트는 여러 가지 사정 때문에 책으로 완성하지 못하고 중도에 그만두게 되었다. 4학년 1학기 수업은 계획하여 실천했고 4학년 2학기 수업은 계획까지 했기에 더욱 아쉬운 마음이 컸다. 언젠가 기회가 온다면 꼭 '참좋은연구회' 선생님들과 학년별 프로젝트 수업을 계획하고 실천하여 책한 권으로 결실을 맺을 수 있기를 바라본다. 다시 한 번 '참좋은연구회' 선생님들에게 미안하고 죄송한 마음을 전한다.

부족한 수석교사인 필자를 항상 믿어 주고 든든하게 지원해 주시는 박세숙 교장 선생님과 강혁주 교감 선생님, 진천초 선생님들, 함께 수업하는 우리 진천초 아이들에게 감사하다. 같은 곳을 바라보며 함께 걷고 있는 '참좋은연구회' 선생님들께도 감사를 전한다.

그리고 사랑하는 가족 차현미, 신해성, 신해인에게는 특히 더 감사하다.

프로젝트 수업,
사회를 탐하다